선악과의 진실

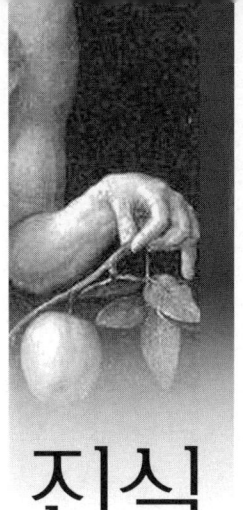

칼빈연구소 연구저작 시리즈 ❸

선악과의 진실

박 일 민 지음

성광문화사

서문

　사람의 감정과 이해 수준은 그 사람이 가지고 있는 배경과 환경에 따라서 매우 큰 차이를 보인다. 똑같은 대상을 보면서도 서로 다른 느낌을 가지는가 하면, 한번 가졌던 판단도 때와 장소에 따라서는 전혀 달리하기도 한다. 이런 현상은 성경을 대하는 경우에도 예외 없이 나타난다. 하나의 본문이나 동일한 사안을 놓고 서로 다른 해석을 하거나 심지어는 서로 상반된 해석을 하는 일이 드물지 않게 벌어진다. 교회의 역사는 한동안 옳게 여겨져 오던 해석이 심각한 오류에서 비롯된 것임을 드러내기도 했다. 이런 이유로 서로 다른 신학이나 교파들이 생겨나게 된다. 이것은 성경에는 이해하기 어려운 것들이 많기 때문에 생겨나는 피할 수 없는 현상이라 할 수 있을지도 모른다.
　그러나 우리는 이런 이유로 성경의 바르고 정확한 해석을 위한 노력을 게을리 해서는 안 된다. 우리는 성경의 진정한 의미를 바르게 밝히고 그것을 주야로 묵상하여 영혼의 양식과 삶의 등불로 삼아야 한다. 그러기에 사도 베드로는 성경을 사사롭게 해석하거나 억지로 푸는 것을 엄히 경고했다. 그리고 이는 무식하고 굳세지 못한 사람들에게서

나 있는 일이기에, 그 결과는 마침내 멸망에 이르게 된다고 했다.

이 책은 평신도들이 성경을 읽을 때, 쉽게 이해되지 않아서 궁금해 하는 질문들을 모아 그 해답을 찾아보는 형식으로 마련되었다. 예를 들어, 하나님께서는 사람들이 범죄 하게 될 것을 미리 아시고 계셨음에도 불구하고 왜 선악과를 만드셨으며, 다른 사람은 없었을 것으로 추측되는 상황임에도 동생을 죽인 가인이 사람들에게 죽임을 당할까 하여 두려워했던 이유는 무엇일까 하는 것 등으로 시작되는 평신도들이 쉽게 부딪치게 되는 24가지의 질문들이다.

이 책은 평신도들을 대상으로 하고 있다. 따라서 가능한 한 장황하고 어려운 방식이나 용어를 피하고, 최대한 단순하고도 이해하기 쉬운 설명을 위해 주의를 기울였다. 그리고 이론적 설명에 그치지 않고 실생활에의 적용에 도움이 되도록 배려를 했다.

한편, 이 책은 신학의 전반적인 주제를 다룬 "평신도를 위한 신학입문"에서 다루지 못한 것들을 보완하는 속편의 성격이 있다. 그러므로 "평신도를 위한 신학입문"과 함께 읽으면 좋을 것이다.

여기에서 다루어진 주제들은 주로 기독교 신문인 교회와 신학의 정윤석 기자가 제공해 주었다. 그리고 원고 교정을 위해서는 정승민 전도사님의 수고가 적지 않았다. 이 분들에 대한 감사와 함께, 늘 배후에서 기도의 후원을 아끼지 않으시는 어머님과 아내, 그리고 어려운 출판 현실에도 불구하고 기꺼이 출판을 맡아주신 성광문화사의 이승하 사장님께 특별한 감사를 드린다.

2007 가을.
마북동 연구실에서

Contents

서문 … 5

제1장. 하나님은 왜 선악과를 만드셨는가 …… 9
제2장. 가인을 죽이려 했던 사람은 누구이었는가 …… 16
제3장. 하나님은 왜 사람에게 자유의지를 주셨는가 …… 23
제4장. 구약시대 사람들은 어떻게 구원을 받았는가 …… 30
제5장. 복음을 들어보지 못하고 죽은 사람들은 어떻게 구원을 받는가 …… 37
제6장. 성도는 반드시 구원의 확신을 가져야 하는가 …… 45
제7장. 하나님의 뜻은 어떻게 알 수 있는가 …… 52
제8장. 성령은 어떤 분이신가 …… 60
제9장. 성령의 세례와 충만은 어떻게 다른가 …… 68
제10장. 성령훼방 죄란 어떤 죄인가 …… 76
제11장. 참된 영성이란 무엇인가 …… 83
제12장. 성경은 어떻게 해석되어야 하는가 …… 91
제13장. 이단은 어떻게 구별하는가 …… 98

제14장. 설교자와 강단은 거룩한 권위를 가지고 있는가 …… 106
제15장. 세례인가 침례인가 …… 113
제16장. 기독교에는 왜 많은 교파들이 있는가 …… 120
제17장. 교회 운영방식은 민주적이어야 하는가 …… 128
제18장. 부흥의 성경적 의미와 방법은 무엇인가 …… 136
제19장. 신앙생활을 잘 하려는데 왜 고난이 있는가 …… 144
제20장. 서원은 반드시 지켜야 하는가 …… 152
제21장. 온전한 십일조란 어떤 것인가 …… 159
제22장. 주일 성수의 기준은 무엇인가 …… 166
제23장. 제사는 우상숭배인가 …… 174
제24장. 이 땅에서의 완전한 성화가 가능한가 …… 182

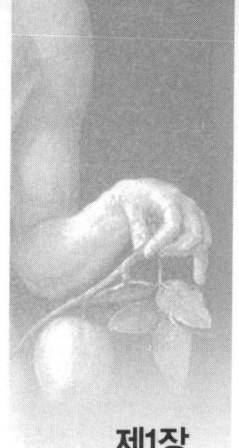

제1장.
하나님은 왜 선악과를 만드셨는가

성경은 하나님께서 과거와 현재, 그리고 미래의 모든 일들에 대해서 모르는 것이 전혀 없이 다 아시는 전지전능(全知全能)하신 분이라고 말씀한다.(롬 11:33) 그러므로 사람이 아무도 모르게 자기 혼자서만 마음 속 깊이 품고 있는 생각일지라도 하나님 앞에서는 조금도 숨길 수 없는 것이다.(왕상 8:39, 시 139:1-4) 이처럼 하나님은 전지하신 분이시다. 그러므로 하나님께서는 사람을 창조하실 때에 그 사람이 불완전하고 연약한 것도 아셨을 것이다. 그리고 장차 사람이 선악과를 따먹게 될 것이라는 것도 아셨을 것이다. 그렇다면 하나님께서 차라리 선악과를 만들지 않으셨든지, 아니면 사람이 선악과를 따먹는 실수를 범하지 않도록 어떤 조치를 취하셨어야 하는 것이 옳지 않을까라고 생각하기 쉽다.

따라서 이제 그 선악과는 무엇이며, 전지전능하신 하나님께서 왜 하필 선악과를 만드셨는지에 대해 알아보기로 하자.

1. 선악과는 실제로 존재 했는가

성경에는 선악과라는 명칭이 등장하지 않는다. "선악을 알게 하는 나무의 실과"(창 2:17), "동산 중앙에 있는 나무의 실과"(창 3:3) "그 실과"(창 3:6), "그 나무 실과"(창 3:11,12,17)라는 말들이 있을 뿐이다. 그러나 우리는 지금까지 그 나무의 실과를 흔히 선악과라고 불러왔다.

선악과에 관한 이야기는 창세기 2, 3장에 등장한다. 그런데 성경 창세기에는 선악을 알게 하는 나무의 열매를 따먹도록 하와를 유혹하는 뱀의 이야기가 포함되어 있다. 오늘날의 자연 현상이나 구체적인 증거를 더 좋아하는 과학적 판단에 익숙해져 있는 우리에게는 쉽게 이해되지 않는 부분이다. 어떻게 뱀이 간교한 생각을 가질 수가 있으며, 사람과 말을 할 수가 있는가. 그래서 어떤 사람들에게는 선악과 이야기가 고대의 신화나 설화처럼 들려지기도 한다. 그러나 다음 사실들을 잘 살펴보면, 선악과는 실제로 있었음을 알 수 있다.

온 인류는 부정과 부패가 만연해 있는 역사적 현실 속에 살고 있다.(롬 3:10-18) 그 점을 누구도 부정할 수는 없을 것이다. 그런데 성경은 그 원인을 아담과 하와의 타락, 그리고 그로 말미암은 결과로 설명한다.(롬 5:16-18) 그러므로 우리의 부패한 현실이 사실이라면 그 원인이 되는 아담과 하와의 타락도 사실이어야 하고, 그 사실 속에 한

부분으로 등장하는 선악과도 당연히 실제로 있었다고 인정해야만 한다. 또 성경은 아담의 죄가 후손에게 옮겨지는 것과 그리스도의 의가 믿는 자에게 옮겨지는 것을 똑같은 원리로 설명한다.(롬 5:18,19) 우리가 경험하는 것처럼 믿는 자 안에서는 그리스도 의가 역사적인 현실로 이루어졌고, 전가되어지고 있다. 그러므로 의의 전가와 대비되는 죄의 전가 역시 실제 사실로 이루어졌음을 시인해야 한다. 사도 바울께서는 성도들 안에서 실제로 이루어지는 타락을 경계하여 교훈할 때, 선악과와 관계된 하와의 범죄를 예로 들어 설명했다.(고후 11:3) 이 설명은 선악과가 실제로 있었다고 전제해야만 가능한 것이다. 그리고 그리스도께서 실제로 이 땅에서 사단의 시험을 받으셨던 사실 또한 선악과 범죄가 실제 사건이었음을 여실히 증거하고 있다.

하나님께서는 필요하시면 나귀가 말을 하게도 하시고(민 22:28) 돼지 떼를 물에 빠지게도 하시는(마 8:32) 등, 우리가 일상적으로는 이해하기 어려운 일들을 얼마든지 현실적으로 일어나게 하실 수 있다. 그러므로 뱀이 사람을 유혹하고 말을 하는 일도 얼마든지 있을 수 있지 않겠는가?

2. 선악과는 어떤 과일 이었는가

선악과가 실제로 있었다면, 그것은 어떤 모양이었을까. 지금의 대추야자나 사과의 모양이었을까. 성경에는 선악과가 먹음직하고, 보암직하고, 탐스러웠다고 했다.(창 3:6) 그러나 그 이상은 아무런 언급이 없어, 우리로서는 선악과가 지금의 어떤 과일과 같은 모양이었는지 전혀 알 수가 없다.

뱀은 하와에게, 선악과를 먹으면 눈이 밝아져 하나님과 같이 되어 선악을 알게 될 것이라는 말로 유혹했고(창 3:5) 아담과 하와는 선악과를 따먹고 정말 눈이 밝아져 자기들의 벗은 것을 알게 되었다.(창 3:7) 그렇다면 선악과 속에는 사람의 눈을 밝혀주는 특별한 효과를 가진 신기한 물질이 들어 있었던 것일까.

하나님께서 만드신 것들은 선하신 하나님에게서 나온 것이므로 다 선하다. 그러므로 우리는 어떤 과일이든 가릴 것 없이 감사함으로 먹는다. 그러나 이것은 모든 과일이 존재론적으로 선함을 의미하는 것이지, 도덕적, 영적인 의미에서 선하다는 의미는 아니다. 존재론적 의미의 선, 악과 도덕적, 영적 의미의 선, 악에는 분명한 구별이 있다. 선악과를 먹음으로 알게 된 선과 악은 도덕적이고 영적인 영역에 속하는 문제이다. 따라서 우리는 선악과 속에 도덕적, 영적 의미의 선과 악을 알게 만들어주는 신기한 약효의 존재가 들어 있었다고 생각할 필요가 없다.

이것은 같은 에덴동산에 있었던 생명나무의 경우도 똑같다. 생명나무의 실과는 사람의 영적 생명을 살게 할 만한 신기한 약효가 들어있어서 생명나무가 아니다. 영적 생명은 어떤 실과를 먹는 행위로 되는 것이 아니라, 오직 그리스도를 믿음으로만 얻어진다.(엡 2:8,9) 생명나무의 실과는 그리스도를 믿음으로 말미암아 얻게 될 영생의 언약을 표하고 인 쳐주는 과실이었다. 그래서 그 나무가 생명나무라고 불려졌다. 선악과도 이와 마찬가지이다. 그 과실 속에 어떤 신기한 약효가 있어서가 아니라, 사람에게 도덕적이고 영적인 의미의 선과 악이 무엇인지를 알게 할 만한 하나님의 특별한 지혜의 언약이 인 쳐있었기 때문에 선악과라는 이름으로 불려졌다.

좀 더 구체적으로 말해 보자. 선악과는 그것을 먹었을 때, 즉 하나님과의 언약을 어겼을 때, 그 행위가 바로 악이고 언약을 지키는 것은 선이었음을 확인시켜 주는 실과, 또는 장차 사람에게 무엇이 선이고 무엇이 악인지를 알게 해주는 역할을 하는 언약적 증거가 되는 실과이었기에 선악과로 불려졌다. 그러므로 우리는 선악과를 생각할 때, 그 속에 어떤 특별한 약효가 들어있었는지에 관심을 기울이기보다는, 하나님께서 아담을 찾아와 맺어주셨던 하나님의 언약 자체에 모든 관심을 집중해야 한다.

3. 선악과는 왜 만들었는가

선악과가 하나님의 언약을 표하는 증거였다는 사실 속에는 하나님께서 선악과를 만드셨던 이유가 잘 드러나 있다. 그러므로 우리는 선악과를 만드신 이유에 앞서, 하나님께서 사람을 만드신 이유를 먼저 생각해 볼 필요가 있다. 하나님께서는 사람들로부터 영광을 받으시기 위하여 사람을 만드셨다.(사 43:7, 60:21) 그리고 다른 어떤 피조물들보다도 우월한 위치에서 모든 피조물들을 다스리며 하나님께 영광을 돌리게 하기 위해서 사람에게는 특별히 하나님의 형상, 즉 인격성을 더하여 주셨다.(창 1:26,27) 이 인격은 지.정.의를 의미하는 것으로서, 자유의지를 포함한다. 따라서 사람은 다른 피조물들과는 달리 자신의 자유로운 판단과 선택에 따라 행동을 할 수 있게 되었다. 그런데 하나님께서는 하나님의 형상을 가진 사람을 찾아오셔서 선악과를 증거의 표로 삼아 언약을 맺으셨다.(히 옛 언약) 이 언약은 사람의 유익을 위해 하나님께서 일방적으로 찾아오셔서 맺으셨던 참으로 은혜로운 언약이었다. 그러므로 선악과는 하나님의 은혜와 밀접한 관계를 가지고 있다.

우리는 웅장하고 섬세하게 연주된 음악을 통해 많은 감동을 받는다. 그러나 어린 자녀가 처음 배운 노래로 비록 서툴지만, 잘 연습을 하여 부모에게 들려드릴 때에는 완벽에 가까운 음악연주를 감상할 때보다도 더 큰 감동을 받는다. 어떤 부모들은 그것을 즐기기 위해서 아이들에게 노래를 강요하는 경우도 있다. 그러나 아이가 스스로의 생각으로 부모를 즐겁게 하기 위해 정성을 기울인다면 부모는 훨씬 더 큰 행복감과 보람을 느낄 것이다. 그리고 사랑이 가득한 눈으로 칭찬과 상을 아끼려 하지 않을 것이다. 왜냐하면 아이가 자신을 낳아주신 부모님을 위하여 스스로(자유의지에 따른) 선한 행동을 했기 때문이다.

하나님께서 선악과를 만드신 이유도 사람이 자신의 자유의지로 하나님과의 언약을 지켜 순종함으로써 하나님께 최상의 영광을 돌리게 하시려는 목적에서였다. 동시에 영생을 상급으로 준비하시고 언약을 맺으셨다. "(선악과를) 먹는 날에는 정녕 죽으리라"(창 2:17)는 말씀 속에는 당연히 '먹지 않으면 살리라' 는 의도가 포함되어 있었던 것이다. 순종하면 '산다' 에서의 '산다' 는 의미는 육체적 생명이 산다는 것이 아니라 그보다는 한 차원 높은 의미의 생명, 즉 영원한 생명이 주어지는 것을 뜻한다. 왜냐하면 아담에게 언약이 주어지던 당시에도 육체적인 생명을 가지고 있었으므로 단지 육체적 생명만이 언약에 대한 상급이 될 수 없기 때문이다.

선악과는 하나님께서 사람으로 하여금 실수하도록 만든 부당한 도구이었거나, 사람의 실수를 예상치 못하고 만든 실패작이 아니다. 선악과는 하나님께 영광을 돌리게 하려는 창조의 목적을 효과적으로 달성할 수 있는 도구, 그리고 언약을 지킨 사람에게 영원한 상급을 주시기 위한 선한 도구로 만드신 실과이었다. 하지만 사람은 하나님의 의도와는 달리 그 실과를 먹음으로 언약을 파기하고 말았다. 그러므로 문제는 선을 위한 도구로 선악과를 만드신 하나님께 있었던 것이 아니라, 그것을 잘못 사용한 사람에게 있었던 것이다.

이러한 현상은 지금도 우리 주변에서 계속 일어나고 있다. 요셉의 형들이 보여주는 예에서 보는 것처럼, 하나님께서는 사람의 악행까지도 묵인하시고 오히려 그것을 이용하여 선을 이루려 하시지만(창 45:8,9) 사람들의 경우에는 모세가 시내산에 올라간 뒤에 광야의 이스라엘 백성들이 했던 것처럼(출 32장) 하나님의 선하심과 오래 참으심마저도 악용하여 범죄의 기회로 삼는 일이 허다하다.

사도 바울은 십자가의 도를 가리켜서, 구원을 얻는 우리에게는 하나님의 능력이면서 동시에 멸망하는 자들에게는 미련한 것이라고 말씀했다.(고전 1:18) 동일한 하나의 십자가가 그것을 어떻게 이해하고 받아들이는가에 따라 전혀 다른 결과로 나타난다는 교훈의 말씀이다. 선악과의 경우도 이와 같은 것이다. 하나님의 은혜와 섭리 편에서 선악과를 이해하면, 하나님의 능력을 찬송하게 될 것이다. 그러나 사람의 생각으로 오해하거나 오히려 믿음에서 멀어진다면, 선악과는 단지 거북스럽고 미련하게 여겨질 것이다.

제2장.
가인을 죽이려 했던 사람은 누구이었는가

가인은 자기 동생 아벨을 살해한 인류 최초의 범죄자이다. 아무런 잘못도 없이 죽임을 당한 아벨의 억울한 피는 하나님께 그 억울함을 호소했다. 하나님께서는 그 호소를 들으시고 가인에게 저주를 내리셨다. 그 저주의 결과 가인은, 땅을 경작해도 소용이 없게 되고, 이곳저곳을 떠돌 수밖에 없었다. 이때 너무도 극심한 죄책감을 느낀 가인은 하나님께 "내가 땅에서 피하며 유리하는 자가 될지라 무릇 나를 만나는 자가 나를 죽이겠나이다"(창 4:14)라고 호소했다. 하나님께서는 죄를 범한 가인이지만 긍휼히 여기시고, 가인에게 표를 주어 만나는 누구에게서든지 죽임을 당하지 않도록 배려해주셨다.(창 4:15)

창세기 1장부터 가인의 범죄 사실이 기록된 창세기 4장까지에는 단 4사람(아담, 하와, 가인, 아벨)만 등장할 뿐이다. 그렇다면 가인이 죽임을 당할까봐 두려워했던 사람은 누구이며, 그가 받았던 표는 무엇이었는가.

1. 아담의 가족구성과 가인의 범죄시기

창세기 4장 1,2절은 가인과 아벨의 출생 기록으로 시작한다. 우리는 이 짧은 문장 속에 상당한 시간적 흐름이 포함되어 있음을 알 수 있다. 하와는 가인을 낳은 후, "또" 아들을 낳았기 때문이다. 그리고 2절에는 그들의 직업이 소개되어 있다. 가인과 아벨이 직업을 가질 정도가 되려면, 적어도 청년의 나이 정도는 되었을 것이다. 이 역시 적지 않은 시간적 간격이 있음을 의미한다.

두 형제는 각각 "땅의 소산"과 "양의 첫 새끼와 그 기름"으로 하나님께 드렸다. 그것은 "세월이 지난 후"(3절)의 일이었다. "세월이 지난 후"란, 문자적으로 하면 '날들의 마지막'을 의미한다. 이 말이 창 40:1에서는 "그 후에"로, 민 9:2에서는 "정기(定期)에"로 번역되고 있음을 생각해 볼 때, 여러 해 이상 상당한 시간이 흐르고 있었음을 알 수 있다.

하나님께서 자기의 제물을 받지 않으심에 몹시 화가 난 가인은 동생 아벨을 쳐 죽이고 말았다. 이 사건은 제사를 드리던 당시가 아니라, "그 후 그들이 들에 있었을 때"(8절) 일어났다.

한편, 하나님께서는 아담에게 아벨 대신 셋을 낳게 해주셨다.(25절) 그것은 아담의 나이 130세 되던 때였다. 아담은 셋을 낳은 후에도 800년을 더 살면서 자녀를 낳았고, 930세에 세상을 떠났다.(창 5:4,5)

또 가인이나 셋에게는 분명히 자녀들을 낳아주었던 아내들이 있었다. 그들 역시 아담의 딸들이었을 것이다. 그러나 성경에는 그들의 이름이나 숫자에 대한 언급이 없다.

성경은 사람의 모든 역사와 관심사를 다 기록한 책이 아니다. 오직 구원에 관한 역사만을 기록하고 있을 뿐이다. 그래서 성경은 아담의 자녀들 중에서 가인과 아벨, 그리고 아벨 대신에 낳은 "다른 씨"(25절) 즉 구원의 계보인 셋을 소개할 뿐이다. 이 사실은 창세기 4장에 나오는 가인의 족보와, 5장에 나오는 셋의 족보, 그리고 마태복음과 누가복음에 나오는 예수 그리스도의 족보에서도 확인된다. 성경의 족보들은 극히 예외적인 경우만을 제외하고는, 두 사람 이상의 자녀를 언급하지 않는다.

이러한 과정들을 종합해 보면, 아담과 하와 사이에는 가인과 아벨 이외에도 다른 아들들과 딸들 그리고 그들에게서 태어난 많은 손자와 손녀들이 있었으며, 따라서 가인은 자기 형제자매들 그리고 그 형제자매들의 자녀들과 함께 살았음을 알 수 있다.

뿐만 아니라, 가인이 동생을 죽인 시기는 스스로의 직업을 가질 수 있는 나이, 그리고 혼자서도 동생을 쳐 죽일 만한 힘을 가질 수 있었을 나이이었다. 가인의 나이가 그 정도에 이르렀을 때에는 분명히 다른 형제나 자매도 있었을 것이다.

2. 가인이 두려워했던 사람

사람이 많지 않았던 인류 초기에는, 족장들에게 내리신 하나님의 복에 따라 생육하고 번성하였다. 족장들은 평균 세 아들과 세 딸을 낳았다. 족장들은 대개 400년을 살았고, 80세에 자녀를 낳기 시작했다. 이런 평균치로 가정해보면, 가인은 80이 넘기 전에 10만 명 정도의 인구와 더불어 살았을 것으로 추측되기도 한다.

가인은 당시, 살던 모든 사람들로부터 살해의 위협을 느꼈다고 생각할 필요는 없다. 왜냐하면 자기 자신의 족보에 속한 사람들로부터는 살인과 같은 심각한 위협을 받지 않았을 것이기 때문이다. 가인이 생명의 위협을 느꼈던 대상은 자기의 가문이 아닌 다른 사람들 특히 아벨, 또는 아벨 대신에 언약의 대를 이었던 씨인 셋의 가문에 속한 사람들과 그 후손들이었을 것으로 여겨진다. 히브리 사람들은 전통적으로 무고하게 부모를 죽인 사람에 대해서는 그 후손들이 그를 만나면 언제 어디서든지 복수를 해도 무방하다는 사고방식을 가지고 있었다.(민 35:19-21) 이런 사상은 '고엘' 사상이라고 불려졌다. 그들에게 가나안 정복 후 땅의 분배과정에서 도피성 제도가 마련된 것도 바로 이러한 배경이 있었기 때문이다.

어둠이 빛과 함께할 수 없고 빛이 들어가면 어둠이 물러가듯이, 어느 시대나 장소를 막론하고 죄인은 아무런 강요가 없어도 항상 다른 사람, 특히 선한 사람들과 대립적인 관계를 가지기 마련이다. 이런 현상은 죽음 이후에까지도 이어져, 천국과 지옥으로 나뉘어 영원히 지속될 것이다.

3. 가인이 받았던 표(標)

하나님께서는 중한 죄벌로 견딜 수 없어 하는 가인을 안심시키시고, 가인에게 표를 주어 누구에게든지 죽임을 당하지 않도록 보장해주셨다.(15절) 그러면 가인이 받았던 표는 무엇이었을까.

"표"라는 말은 본래 기념비, 증거물, 깃발, 표시 등을 의미한다. 따라서 에스겔서나(겔 9:6) 요한계시록에 나오는 '이마에 인을 가진 사람들'에게서 보는 것처럼(계 7:3, 9:4, 20:4) 하나님께서는 가인에게 이마나 신체의 다른 부위에 일종의 문신과 같은 특별한 표를 새겨주셨을 것이라고 생각할 수도 있다. 그러나 하나님께서 친히 "몸에 무늬를 새기지 말라"(레 19:28)는 계명을 주신 사실을 고려해보면, 이러한 생각은 지지를 받기가 어렵다.

하나님께서는 자신의 언약에 대한 성취를 확신시키려고 하실 때, 특별한 외형적 증표들을 사용하신 일이 있다. 예를 들어, 노아에게 다시는 홍수로 인류를 멸하지 않으시겠다는 약속을 무지개로 하셨고(창 9:13) 히스기야의 생명을 15년 연장시키실 때는 아하스의 일영표에 나아갔던 해 그림자를 10도나 물러가게 하셨다.(왕하 20:8-11) 그러므로 우리는 하나님께서 가인에게도 가인 자신에게는 스스로를 확신하는 안도감과 함께 다른 사람들에게는 가인이 받은 표를 보고 그를 죽이지 못하게 하는 특별한 외형적 증표를 주셨을 것으로 생각해 볼 수 있다.

그러나 제아무리 좋은 외형적 증표가 있다고 하더라도 그것에 대한 신뢰가 무디어지면 그 증표는 더 이상 힘을 발휘하기가 어렵다. 사람에게 외형적인 증표보다도 더 큰 힘을 발휘하게 하는 것은 내적인 확신이다. 이런 이유 때문에 사도 바울께서는, 고린도 교회의 성도들에게 돌비가 아닌 마음의 비석에 하나님의 영으로 그리스도의 편지를 새기라고 가르치셨다.(고후 3:3) 그러므로 하나님께서는 무엇보다 먼저 가인의 마음속에 어느 누구를 만나도 결코 죽임을 당하지 않으리라는 내적 확신을 주셨을 것이다. 그것은 어쩌면 낯선 사람을 만났을 때, 마음속으로 느껴지는 공포심 같은 것일 수도 있다.

사람이 마음속으로 갖는 강렬한 느낌은 표정이나 태도에 드러나기 마련이다. 가인은 낯선 사람을 만날 때마다 마음속으로 동생을 살해한 죄 값으로 내리신 하나님의 저주에 대한 두려움과 회한, 그리고 하나님께서 보호해 주실 확신으로 인하여 깊은 안도감에 젖었을 것이다. 그리고 그 느낌이 그의 얼굴에 나타나서 다른 사람들에게 보여 졌을 것이고, 그것을 보는 다른 사람들은 가인을 죽여서는 안 될 사람으로 생각했을 것이다.

그럼에도 불구하고, 우리는 하나님께서 가인에게 주셨던 표가 무엇이었는지를 정확하게 알 길이 없다. 다만 나름대로 성경의 근거를 토대로 추측할 뿐이다. 그러나 여기서 우리가 분명하게 알아야 할 것이 있다. 하나님께서는 살인죄를 저지른 가인에게까지도 표를 주셔서 죽임을 면하도록 은혜를 베풀어주셨다는 사실이다. 하나님께서는 아담과 하와가 선악과를 따먹는 죄를 범했을 때에도, 에덴동산에서 내쫓기만 하신 것이 아니라 가죽옷을 지어 입히셨다. 하나님께서는 공의를 행하실 때에도 사랑을 잊지 않으시고 자비를 베푸신다. 하나님께서는 에스겔 선지자의 입을 통하여 말씀해 주시기를, "주 여호와의 말씀에 나의 삶을 두고 맹세하노니 나는 악인의 죽는 것을 기뻐하지 아니하고 악인이 그 길에서 돌이켜 떠나서 사는 것을 기뻐하노라."(겔

33:11)고 하셨다. 그리고 예수님께서도 탕자의 비유를 통하여 '비록 집을 나간 탕자라 하더라도 오직 사랑으로 기다리시는 은혜로운 아버지' 이심을 교훈하셨다.(눅 15장)

우리는 가인이 범죄 하기 전후의 기록을 읽을 때, 하나님 편에 서서 관심을 가질 필요가 있다. 왜냐하면 성경을 문자적인 기록으로만 읽을 것이 아니라, 그 기록 속에서 아무도 모르게 범한 가인의 죄를 밝혀 그 대가를 치르게 하시는 하나님의 공의와 그리고 죄인에게도 긍휼을 베푸시는 하나님의 은혜를 동시에 발견할 수 있기 때문이다. 이것이 바로 성경의 줄거리를 바르게 파악하여, 읽는 방법이다. 이런 자세로 성경을 대한다면, 가인이 두려워했던 사람이 과연 있었을까, 가인이 받았던 표는 무엇이었을까 하는 등의 문제는 쉽게 풀려지게 된다.

제3장.
하나님은 왜 사람에게 자유의지를 주셨는가

　　　　하나님께서는 사람에게 죄를 범하지 말라고 엄히 명령하신다. 그리고 사람이 죄를 범할 때는 그냥 지나치지 않으시고 반드시 그 책임을 물으신다. 하나님은 전지하고 전능하신 분이시다. 그러므로 하나님은 사람을 만드실 때부터 사람이 죄를 범하게 되리라는 것도 아셨을 것이다. 그렇다면 죄의 원인은 사람이 아니라, 죄를 범할 수 없도록 사람을 만들지 않으신 하나님에게 있다고 해야 하지 않을까. 그러나 죄의 원인은 하나님이 아니라, 사람의 자유의지에서 찾아야 한다.

　　이제 그 자유의지는 무엇이며, 자유의지는 어떻게 해서 죄의 원인이 되게 되었는지 살펴보기로 하자.

1. 자유의지의 개념

자유의지를 단순히 용어를 풀어 말한다면, 자유롭게 활동하는 의지를 의미한다고 할 수 있다. 일반적인 윤리학이나 철학에서는 자유의지를 보통 이런 의미로 사용하고 있다. 그러나 이 용어가 하나님과 관계되는 종교적, 윤리적 의미로 사용될 때에는 매우 특별한 의미를 가진다. 그러므로 우리는 지금의 주제와 관련하여 자유의지를 다음 두 가지 측면에서 고려해 보아야 한다.

1) 상대적 의미의 자유의지

상대적 의미의 자유의지란 하나님께서 인정하시는 선이나 악과는 관계없이, 우리가 임의대로 어떤 것을 바라거나 선택하는 것을 의미한다. 먹고 싶은 음식을 마음대로 선택하여 먹거나, 원하는 사람을 만나고, 원하는 직업을 선택하는 것 등이 여기에 해당된다. 모든 사람들은 이러한 의미의 자유의지를 다 가지고 있다. 그래서 이런 자유의지를 방해 받으면 강하게 반발하기도 한다.

상대적 의미의 자유의지는 하나님과 관계되는 윤리적 의미, 즉 죄의 유무와 상관이 없이 모든 사람들이 다 소유를 하고 있다. 범죄 하기 이전의 아담은 물론이고, 아담 이후의 모든 죄인들도 이러한 의미의 자유의지에 따라 여전히 자유로운 활동을 하고 지낸다.

2) 절대적 의미의 자유의지

절대적 의미의 자유의지란, 하나님께서 인정하시는 선이나 악을 임의대로 바라거나 선택할 수 있는 의지이다.

하나님과 사람은 선과 악을 판단할 때, 서로 차이가 있는 경우가 많다. 곡식으로 제사를 드린 가인, 제사장을 대신해서 제사를 드린 사울 왕, 제사장의 위임장을 가지고 다메섹으로 가던 사울 등에서 보는 것처럼, 사람들 사이에서 선으로 인정되는 것을 하나님께서는 악으로 판단하시는 경우가 있다. 반대로 사회와 가정에 불화가 생겨날 가능성이 있음을 예상하면서도 전도하는 일, 주님의 이름으로 소자에게 냉수 한 그릇 대접하는 일 등은, 사람들이 악하거나 하찮게 보는 행위이지만, 하나님께서는 선으로 인정하신다. 이렇듯 하나님과 사람 사이의 견해 차이는 죄에서부터 비롯되었다. 죄가 사람의 판단을 흐리게 하고 왜곡시켜, 하나님과의 차이를 만들어 놓았다.

절대적 의미의 자유의지는 오직 범죄 하기 이전의 아담에게만 한정하여 사용할 수 있는 용어이다. 아담은 하나님의 언약에 순종하여 선악과를 따먹는 죄를 범하지 않을 수도 있었고, 불순종하여 선악과를 따먹는 죄를 범할 수도 있었다. 따라서 아담은 하나님이 인정하시는 선이나 악을 임의대로 선택할 수 있는 자유의지를 가지고 있었다.

그러나 아담은 죄를 범한 이후부터 하나님께서 인정하시는 선을 바라거나 선택할 수 있는 자유를 상실하고 말았다. 죄는 그 삯으로 사람을 죽게 하였고, 그 결과 하나님께서 인정하시는 선에 대해서는 전적으로 무능력한 상태에 빠지고 말았다. 왜냐하면 믿음으로 죄를 해결하지 못한 상태에서 이루어지는 모든 의지적 활동은 하나님 앞에서 볼 때, 다 죄이기 때문이다.(롬 14:23) 그러므로 범죄 한 이후의 아담은 자유의지 대신에 오로지 죄를 향해 끌려 다니는 노예의지만을 가지게 되었다. 이러한 아담의 노예의지는 그의 후손들에게 그대로 이어졌다. 그래서 사람들은 나면서부터 본질상 죄의 종으로 태어난다고 말하는 것이다.(엡 2:3) 이러한 사실에 대하여 사도 바울께서는, 모든 사람들이 가진 "육신의 생각은 하나님과 원수가 되나니 이는 하나님의 법에 굴복치 아니할 뿐 아니라 할 수도 없음이라"(롬 8:7)고 말씀했다.

절대적 의미의 자유의지는 죄인뿐만 아니라, 믿음으로 중생한 사람에게도 해당되지 않는다. 중생한 사람은 범죄 이전의 아담의 상태로 되돌아가서 또다시 불순종의 사망에 이르는 것이 아니라, 결코 사망에 이르지 않는 영원한 생명으로 옮겨지기 때문이다. 중생한 사람도 때로는 실족할 수 있다. 그러나 믿음으로 말미암아 그리스도 안에서 중생한 사람에게는 또다시 정죄 받는 일은 결코 없다.(롬 8:1) 그러므로 중생한 사람은 죄와 사망으로부터 진정 자유한 사람이다.(롬 5:21) 주님께서는 이러한 상황을 가리켜, "진리를 알지니 진리가 너희를 자유케 하리라"(요 8:32)고 말씀하셨다. 중생의 결과는 자유의지의 회복이 아니라, 자유의지 그 이상의 진정한 자유를 확보하는 것이다.

이러한 관점에서 보면, 절대적 의미의 자유의지는 하나님이시라도 함부로 사용하기가 조심스러워진다. 왜냐하면 하나님은 오직 선만을 바라고 계실 뿐, 악과 관련된 모든 의지하고는 전혀 상관이 없으시기 때문이다.

2. 자유의지를 주신 목적

하나님께서 사람에게 자유의지를 주신 목적은 사람을 만드시고자 하셨을 때의 창조목적에 걸맞도록 하시려는 목적에서였다. 하나님께서는 무엇이 부족하셔서 반드시 사람을 창조해야만 했던 것이 아니다. 다만 자신의 기쁘신 뜻에 따라서 사람을 창조하셨고, 그 기쁘신 뜻대로 사람들로부터 영광을 받으시려는 것이었다.(사 43:7) 그래서 하나님께서는 사람이 하나님께 영광을 돌리기에 가장 적당하도록 하기 위해서 자유의지를 가지게 하셨다. 기계적인 활동의 결과보다 자유의지에 따른 활동의 결과가 훨씬 더 바람직하고도 우월한 영광이 되기 때문이다.

하나님께서 사람에게 자유의지를 주신 것은 참으로 선하고 또 적절한 배려이셨다. 그러므로 우리는 자유의지를 주신 하나님을 비난하거나, 이것으로 하나님을 부족하게 여겨서는 안 된다. 오히려 우리는 다른 피조물들에는 주시지 않은 자유의지를 사람에게 주셨다는 사실을 통하여 하나님께서 그만큼 사람을 크게 배려하셨고, 사람을 통해 더 큰 영광을 받으시기를 원하셨음을 발견할 수 있어야 한다. 그리고 자유의지를 통하여 하나님께 대한 감사와 의무감을 가져야 한다.

3. 자유의지의 남용과 그 책임

사람은 자유의지를 주신 하나님의 의도와는 달리 자유의지를 잘못 사용했다. 하나님의 의도에 부합하지 못하고 빗나간 자유의지! 그것이 바로 죄이다. 그러므로 죄는 자유의지를 주신 하나님이 아니라, 자유의지를 남용한 사람에게 그 원인이 있다.

자유의지를 남용한 책임은 죽음으로 이어졌다. 죽음과 함께 선하던 자유의지까지도 상실하였다. 이제는 죄인이므로 자유의지를 상실했다고 해서, 선을 행하려는 의지를 가지지 않아도 된다는 말은 아니다. 아무리 자유의지를 상실한 죄인이라 해도 돌이나 나무가 된 것은 아니다. 그러므로 죄인도 여전히 상대적 의미의 자유이기는 하지만 자유의지를 가지고 있다. 우리가 알 수 없는 것은 하나님께서는 비록 상대적 의미의 자유의지일지라도 그것을 효과적으로 사용하신다.

뿐만 아니라, 하나님께서는 믿음을 통한 중생의 은혜로써 성결케 하실 때에나, 주를 위해 헌신할 때에, 우리의 의지와는 무관하게 억지로 하시지 않고 우리의 의지를 자극하여서 선을 이루게 하신다. 그래서 사도 바울께서는 이 사실과 관련하여, "너희 안에서 행하시는 이는 하나님이시니 자기의 기쁘신 뜻을 위하여 너희로 소원을 두고 행하게 하시나니"(빌 2:13)라고 말씀하는가 하면, "너희 속에 착한 일을 시작하신 이가 그리스도 예수의 날까지 이루실 줄을 우리가 확신하노라"(빌 1:6)고 말씀했다. 그러므로 우리는 자유의지를 상실했다고 해서 방관만하고 있을 것이 아니라, 선을 향한 강한 의지를 가져야 한다. 이것이 '두렵고 떨림으로 구원을 이루는 것'(빌 2:12)이다.

선을 향한 우리의 의지가 있었다 하더라도, 우리는 그것을 우리 자신의 것으로 생각하여 자랑을 해서는 안 된다. 그것은 전적으로 하나님의 은혜에 의한 것이며, 특히 자유의지를 상실했음에도 우리를 버리지 않으시고 사용하시는 하나님의 은혜에 의한 것이므로, 우리의 공로가 될 수 없다. 그러므로 우리는 선의지를 가질 때마다 "네게 있는 것 중에 받지 아니한 것이 무엇이뇨, 네가 받았은즉 어찌하여 받지 아니한 것 같이 자랑하느뇨"(고전 4:7)라고 하신 사도 바울의 말씀을 늘 기억해야 한다.

죄의 원인은 하나님이 아니라, 사람에게 있다. 자유의지를 남용하여 하나님과의 언약을 이루지 못한 것, 그것이 바로 죄이다. 하나님께서는 하나님께 영광을 돌려 최대의 선을 이루게 하시려고 사람에게 자유의지를 주셨다. 그러나 사람은 죄를 범한 결과 그 자유의지를 상실하고 말았다. 생각하는 것이나 선택하는 모든 것들이 다 죄의 영향력 아래 놓였다. 그렇지만 사람은 절대적 의미의 자유의지는 상실했어도 상대적 의미의 자유의지는 여전히 소유하고 있다. 하나님께서는 이 의지를 섭리의 도구로 사용하시고, 또 은혜를 통해 새롭게 하셔서 그 안에다 선의 씨앗을 심어 착한 일을 하게 하신다. 그러므로 우리는 선을 향한 의지를 가지도록 노력해야 한다. 그러나 그 노력의 결과는 하나님께서 하게 하신 것으로 알아, 항상 자랑보다는 더욱 겸손과 감사의 자세를 가져야 한다.

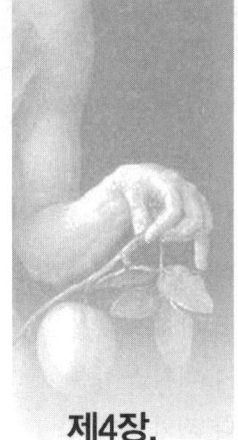

제4장.
구약시대 사람들은 어떻게 구원을 받았는가

히브리서 11장 4-32절은 믿음의 본을 보였던 허다한 증인들을 소개하고 있다. 아벨과 에녹으로부터 시작하여 사무엘과 선지자들과 수많은 인물들이 있다. 그럼에도 불구하고 저자는 다른 모든 사례들을 다 말하려면 시간이 부족하다고 아쉬워한다.(히 11:32) 이 사람들은 모두 구원을 받았을 것임에 틀림없는 사람들이다. 그들은 예수 그리스도께서 이 땅에 오시기 전에 살았었다. 그렇다면 그들은 어떻게 구원을 받았을까. 그들은 예수 그리스도가 아닌 다른 방법으로 구원을 받았을까. 이 문제의 해답을 얻으려면, 성경이 말하는 구원의 의미와 구원에 이르는 방법에 관한 내용부터 살펴보는 것이 좋을 것이다.

1. 구원의 의미

"구원"의 문자적인 의미는 건짐, 도움, 해방을 뜻한다. 그래서 성경에는 재난이나 불행 또는 쳐들어오는 적으로부터 건짐을 받는 것이나(시 34:6, 행 7:25), 병의 치료를 받는 것(마 9:22)을 가리켜 구원이라고 여러 차례 말하고 있다. 그러나 성경이 말하는 가장 일반적인 구원의 의미는 죄와 관련되어 있다. 즉 죄의 용서, 죄의 법적 책임과 죄의 오염으로부터의 자유, 죄로 말미암는 지옥 형벌에서의 건져짐 등을 가리켜서 구원이라고 한다.

이것을 좀 더 구체적으로 말하면, 구원은 다음 세 가지의 의미를 가지고 있다. 첫째는, 죄를 용서받고 죽음에서 생명으로 옮겨져 하나님의 자녀가 되는 것, 즉 거듭남(중생)과 의롭다 일컬음을 받는 것(칭의)이다. 이러한 일은 믿는 순간에 이루어지기 때문에, 성경은 이런 의미의 구원을 가리킬 때는 "너희가 그 은혜를 인하여 믿음으로 말미암아 구원을 얻었나니"(엡 2:8)라는 말씀에서처럼, 이미 완성된 것을 나타내는 동사(과거완료형)로 표현한다.(눅 7:50, 딛 3:5 참조)

둘째는, 하나님의 자녀답게 날로 거룩하여져서 마침내 그리스도의 장성한 분량에 이르는 것, 즉 그리스도의 형상을 닮아가는 성화의 과정이다. 이것은 믿는 순간 시작되어 죽음에 이를 때까지 계속되어지기 때문에, 성경은 이런 의미의 구원을 가리킬 때는 "십자가의 도가… 구원을 얻는 우리에게는 하나님의 능력이라"(고전 1:18)는 말씀에서처럼, 현재에 이루어지고 있음을 나타내는 현재 동사(현재 진행형)로 표현한다.(히 10:39 참조)

셋째는, 죄의 결과에서 완전히 벗어나 조금도 죄의 흠과 티가 없는 상태로 천국에서 영생을 누리는 것이다. 즉 완전히 영화롭게 되는 것(영화)이다. 이것은 죽는 순간에 가서야 이루어지기 때문에, 성경은 이런 의미의 구원을 가리킬 때는 "주께서 나를 ... 구원하시리니"(딤후 4:18)라는 말씀처럼, 장차 미래에 이루어질 것을 나타내는 동사로(미래 완료형) 표현한다.(빌 2:12, 약 1:21 참조)

그러므로 특별한 언급이 없이 구원이라고 하면, 앞에서 말한 세 가지의 의미를 모두 포함한다고 할 수 있다. 그러나 어떤 경우에는 죄를 용서받고 거듭나는 것(중생)만을 제한해서 구원이라고 하는 사람도 없지 않다. 따라서 우리가 "구원 받았습니까" 하는 질문을 받았을 때에는, 성급한 대답에 앞서 어떤 의미의 구원을 말하는 것인지를 먼저 밝혀 볼 필요가 있다. 왜냐하면 그런 다음, '구원 받았습니다'라고 하거나, '구원받고 있습니다' 또는 '구원 받을 것입니다' 라는 식으로, 상황에 맞는 정확한 대답을 할 수 있기 때문이다.

2. 구원받는 방법

성경은 구원에 이르는 지혜를 밝혀주는 책이다. 왜냐하면 성경에는 구원을 받는 방법이 매우 분명하게 밝혀져 있기 때문이다. 그 방법은 오직 하나! 예수 그리스도이다. 즉 예수 그리스도를 믿고, 그를 주로 시인하는 것이다. "주 예수를 믿으라. 그리하면 너와 네 집이 구원을 얻으리라"(행 16:31), "네 입으로 예수를 주로 시인하며 또 하나님께서 그를 죽은 자 가운데서 살리신 것을 네 마음에 믿으면 구원을 얻으리니"(롬 10:9)라는 말씀들이 이를 입증해준다.

구원은 오직 예수 그리스도를 믿음으로 받는 것이기 때문에, 전적으로 하나님께서 주시는 은혜의 선물이다. 기도, 선행, 봉사, 노력, 헌금, 종교의식, 세례 등 사람의 행위는 그 어떤 것이라도 구원을 위한 조건이나 공로(功勞)가 되지 못한다. 그래서 사도 바울께서는 "너희가 그 은혜를 인하여 믿음으로 말미암아 구원을 얻었나니 이것이 너희에게서 난 것이 아니요 하나님의 선물이라 행위에서 난 것이 아니니 이는 누구든지 자랑치 못하게 함이니라"(엡 2:8-9)고 말씀했다. 이 사실에 대해 예수님께서는 "나로 말미암지 않고는 아버지께로 올 자가 없다"고 하시면서(요 14:6) 만일 있다면 그는 "절도요 강도"라는 말씀으로 우회적 표현을 통해서 교훈하셨다.(요 10:1,8)

예수 그리스도 이외에는 달리 구원받을 방법이 없다. 그렇다면 예수 그리스도께서 이 땅에 오시기 이전에 살았던 구약 시대의 사람들은 어떻게 구원을 받을 수 있었을까.

성경은 오직 예수 그리스도로 말미암는 구원의 도리를 인류의 모든 사람들, 즉 구약시대의 사람들에게도 동일하게 적용하고 있다. 그러므로 그들의 구원도 역시 예수 그리스도를 믿음으로만 가능하다. 구약시대의 사람들이라고 구원의 방법이 따로 있었던 것이 아니다. 이 사실은 앞에서 밝힌 예수님이나 사도 바울의 직접적인 말씀에서 확인이 될 뿐만 아니라, 히브리서의 저자가 믿음의 허다한 증인들로서의 구약시대 성도들을 소개하면서 무엇보다 먼저 대전제로 밝히기를, "믿음이 없이는 기쁘시게 못하나니 하나님께 나아가는 자는 반드시.... 믿어야 할지니라"(히 11:6)고 함으로써, 그들의 믿음을 분명하게 강조한 점을 보아서도 잘 알 수 있다.

구약시대의 사람들에게 예수님 당시나 신약시대의 사람들과 다른 점이 있었다면, 그것은 육신을 가지고 직접 이 땅에 오신 예수 그리스도가 아니라, 장차 오시게 될 예수 그리스도를 믿었다는 사실이다. 예를 들어, 구약시대의 사람들은 문설주에 유월절 어린 양의 피를 바르거나, 장대 끝에 달린 뱀을 바라보거나, 속죄의 제사를 드리는 방식으로 죄의 용서와 구원받는 경험을 했다. 그런데 그들의 구원에 이용된 어린 양이나 뱀 등은 단순한 물건이 아니었다. 그것들은 장차 오시게 될 예수 그리스도를 통한 구원을 미리 보여주는 예표로 제시된 것이었다. 따라서 구약시대의 사람들은 아직 육체로 오신 예수 그리스도를 직접보지는 못했지만, 그 예표들 속에서 그림자로 제시된 예수 그리스도를 바라보는 믿음을 통해서 구원을 받았던 것이다.

이것은 마치 오늘날 우리들이 우리의 눈으로 예수 그리스도를 보지는 못해도, 이미 육체로 이 땅에 오셨던 예수 그리스도를 믿음으로써 구원을 얻는 것과 똑같다. 오실 예수 그리스도를 바라보는가, 아니면 오셨던 예수 그리스도를 돌이켜 보는가 하는 시점(時點)만이 다를 뿐이다. 예수 그리스도를 믿는 본질적인 내용에 있어서는 전혀 다른 것이 없다.

로마교회는 구원을 받기 위해서 세례가 절대적으로 필요하다고 생각한다. 그래서 세례제도가 생겨나기 전에 살았던 사람들은 예수님께서 십자가에서 운명을 하신 후, 육체가 무덤에 머물던 사흘 동안에 집단으로 세례를 받아 구원을 받았다는 생각을 하기도 했다. 그러나 구원은 세례가 아닌 믿음으로 받는다. 세례는 구원의 조건이 아니라, 구원받은 증거로 받는 것, 즉 구원의 결과에 불과하다.

어떤 경우에는, 구약시대의 사람들이 각자의 양심에 따른 심판의 결과로 구원을 받는다고 생각하는 사람도 있다. 그러나 구원의 조건은 양심에 따른 심판이 아니라, 오직 예수 그리스도에 대한 믿음뿐이다. 만약 양심에 따른 심판을 한다면 의롭다 할 사람은 아무도 없다. 왜냐하면 철없는 어린 아이라도 다 알 수 있듯이, 이 땅의 모든 사람들은 한 사람 예외 없이 다 죄인이기 때문이다.(롬 3:10,23)

이제 구약시대의 사람들에게 그리스도를 보여주었던 예표에 대해서 살펴보자.

3. 구약의 예표

사람들은 여러 가지 이유로, 상징적인 글이나 말 또는 행동을 하는데 익숙하다. 이러한 사람의 성품에 맞도록 성경에도 많은 상징적인 사물, 행동, 표현들이 사용되고 있다. 그러나 구약의 예표에는 우리가 일반적으로 사용하는 상징적 의미와는 확연히 구분되는 점이 있다. 예표와 상징이 다른 점은 다음 세 가지로 설명이 가능하다. 첫째, 예표는 오직 하나님에 의해서만 사용되어진다. 둘째, 상징은 과거 현재 미래의 모든 사건들을 포함하지만, 예표는 미래의 인물이나 사건만을 소개한다. 셋째, 악한 것은 결코 선하고 좋은 것의 예표가 되지 못한다.

구약에는 수많은 예표들이 등장한다. 그런데 그 예표들에는 세 가지의 유형이 있다. 첫째 유형은 사람이 예표로 사용된 경우이다.(예: 아담, 멜기세덱, 아브라함, 요셉, 아론, 요나 등) 둘째 유형은 역사적인 사건이나 사물이 예표로 사용된 경우이다.(예: 유월절, 출애굽, 홍해

건넘, 광야에서의 방황, 구리 뱀, 반석, 가나안 정복, 아브라함의 부르심, 사사들의 활동 등) 셋째 유형은 의식(儀式)과 관련된 예표들이다.(예: 제단, 제물, 제사장, 성막, 성막의 기구들, 할례 등)

그러나 모든 예표들은 그 유형과 관계없이 궁극적으로는 예수 그리스도를 통한 죄의 용서, 그리고 은혜로 말미암는 구원을 가르치기 위한 도구들이었다. 그러므로 구약에서 아브라함의 씨 또는 다윗의 혈통으로 소개된 언약의 백성들은 구원을 받기 위해, 각각 그 당시에 주어진 예표를 통해서 예수 그리스도를 바라보았고, 또 그 예표를 믿고 따랐다. 이 때문에 우리는 구약시대의 사람들 역시 예수 그리스도를 믿음으로써 구원을 받았다고 말하게 되는 것이다.

하나님은 어느 시대나 장소를 막론하고, 예수 그리스도를 주로 믿는 믿음이라는 은혜의 선물을 통해서만 죄인을 구원하시는 분이시다. 구약시대에는 예표를 통해서 예수 그리스도를 믿게 하셨고, 예수님 당시에는 육체로 오신 예수 그리스도를 믿게 하셨다. 그 하나님의 구원 방법은 지금 우리들에게도 그대로 적용이 되어, 과거에 오셨던 예수 그리스도를 통해서 구원을 받게 하신다. 그러므로 우리는 구원을 말할 때마다, 사람이나 어떤 특별한 행위나 의식(儀式)과 같은 인간적인 것들에 의지하지 말고, 성경이 가르치는 대로 오직 예수 그리스도를 믿기 위해서 모든 관심과 노력을 집중해야 할 것이다.

제5장.
복음을 들어보지 못하고 죽은 사람들은 어떻게 구원을 받는가

"믿음은 들음에서 나며, 들음은 그리스도의 말씀으로 말미암는다"(롬 10:17)고 하신 사도 바울께서는 "누구든지 주의 이름을 부르는 자는 구원을 얻으리라"는 말씀과 함께, 주의 이름을 전파하는 사람의 발걸음이 얼마나 아름다운지를 표현하기 위하여 "그런즉 저희가 믿지 아니하는 이를 어찌 부르리요. 듣지도 못한 이를 어찌 믿으리요. 전파하는 자가 없이 어찌 들으리요"(롬 10:14)라고 하신 바 있다.

구원에 있어서 복음을 듣는 것은 필수적인 요소이다. 그러나 전해지는 복음을 듣지(받아들이지) 않아서 구원을 받지 못했다면 당연하다고 할 수 있겠지만, 전해지는 복음이 없었기 때문에 들으려 해도 들을 수 없었던 사람이라면 어떠할까. 그들이 듣지 않았다고 구원을 받지 못한다면 너무나 억울하고 불공평한 일이 되지 않을까.

여기에 해당하는 사례는 영아들과 복음이 아직 들어가지 못한 시대나 지역에 살았던 성인들의 경우를 말할 수 있다. 이제 그 경우를 각각 살펴보기로 하자.

1. 영아(嬰兒)의 경우

1) 영아의 상태

우리는 보통 생후 1-2세 아이들을 영아라고 부른다. 그러나 구원 문제와 관련하여서는 영아나 유아를 나이가 아닌 영적 상태로 구분해야 할 필요가 있다. 육체적 나이로는 소년이나 청년에 해당하면서도 영적으로는 영아와 다를 바 없는 사람도 있을 수 있기 때문이다. 그러므로 여기에서는 나이와 상관없이, 자아의식을 가지기 이전의 상태를 가리켜 영아라고 해보자. 자아의식이 생기기 전이라는 것은 의식적인 자범죄를 범하기 이전의 상태를 의미하기도 한다.

영아도 성장하면 성인이 되고, 자아의식에 따라 자범죄를 범하거나 복음을 들을 수 있게 된다. 따라서 살아 있는 영아의 구원 문제는 별도로 취급할 필요가 없다. 그러나 성인이 되기 전에, 즉 자범죄를 범하지 않은 영아의 상태로 죽는 사람이 있다. 그 사람은 복음을 듣거나 믿을 수 있는 기회조차 허락받지 못했다. 그러기에 그 영아의 구원 문제가 별도의 관심사로 등장하게 된다.

2) 영아 구원의 가능성

우리는 성경에서 영아의 구원 여부에 대한 단정적인 언급을 그 어디에서도 찾아 볼 수 없다. 따라서 영아의 구원에 관한 내용을 확실하게 결정하는 것은 참으로 어려운 문제이다. 그러나 성경에는 영아들에게도 구원의 가능성이 있을 수 있음을 암시하는 표현들이 여러 곳에서 발견된다.

예수님께서는 천국 교훈을 하시면서, "너희가 돌이켜 어린 아이들과 같이 되지 아니하면 결단코 천국에 들어가지 못하리라"(마 18:3)고 말씀하셨다. 이 말씀은 육체적 상태의 어린 아이가 아니라, 그 마음이 어린 아이와 같은 상태를 가져야 천국에 들어갈 수 있음을 교훈한 것이다. 그러나 우리는 예수님께서 천국의 교훈을 위해 어린 아이를 예로 드셨다는 사실을 통해, 어린 아이도 천국에 들어갈 수 있을 것, 즉 구원의 대상이 될 수 있을 것이라는 가능성을 엿볼 수 있다.

사도 바울께서도 구원에 관한 대표적 원리를 밝히시면서, "주 예수를 믿으라 그리하면 너와 네 집이 구원을 얻으리라"(행 16:31)고 하셨다. 여기서 '네 집'이라는 말씀은 어린 아이도 포함하고 있다고 생각해야 한다. 왜냐하면 일반적으로 가족이란 어린 아이가 있는 것이 보통 상식이기 때문이다. 예수를 믿고 온 집과 더불어 세례를 받았던 빌립보의 루디아(행 16:15)나, 고린도의 회당장 그리스보(행 18:8)의 집에도 어린 아이가 있었을 것이다.

이사야 선지자는 천국의 아름다운 모습을 소개하면서, "그 때에... 젖 먹는 아이가 독사의 구멍에서 장난하며 젖 뗀 어린 아이가 독사의 굴에 손을 넣을 것이라"(사 11:8)고 했다. 이 말씀은 천국의 평화로운 광경을 소개하려는 의도를 가지고 있다. 하지만 여기에 어린 아이를 말씀하심은, 그들도 구원받을 수 있음을 암시하는 것이라고 생각할 수 있다.

이스라엘 백성은 출애굽 전날, 문설주에 어린 양의 피를 바름으로 죽음의 화를 피할 수 있었다. 이는 순결한 어린 양이신 예수 그리스도로 말미암는 구원을 예표하는 사건이었다. 그런데 첫 번 유월절에서 구원받은 것은 어른들만이 아니었다. 그 중에는 분명 어린 아이들도 포함되어 있었다. 그러므로 우리는 유월절 사건을 통해서도 어린 아이가 구원받을 수 있음을 확인하게 된다.

구약시대 이스라엘 사람들은 할례 의식을 통해서 자신이 하나님의 택하신 백성이라는 증거를 삼았다. 이 할례는 예수를 믿음으로 구원받았음을 표하고 인치는 신약시대의 세례에 대한 예표이다. 그런데 그 할례는 어른에게만이 아니라, 주로 태어난 지 8일되는 어린 아이들에게 행해졌다. 그러므로 할례 의식은 어린 아이도 구원의 대상임을 강하게 암시해준다.

3) 영아 구원의 범위

앞의 여러 사례들에서 보는 것처럼, 영아들도 구원이 가능하다면, 그 범위는 어디까지일까. 영아 상태로 죽은 모든 어린 아이가 다 구원을 받을까, 아니면 믿음의 부모를 둔 아이들만 구원 받는 것인가.

자범죄를 범하기 전에 죽었다는 점만을 고려해보면, 모든 영아들이 다 구원받았을 가능성이 있을 것으로 생각할 수 있다. 그러나 성경은 자범죄의 유무 여부로 구원을 결정하지 않는다. 자범죄가 없는 사람이라도 원죄로부터 자유로울 수 없기 때문이다. 그래서 시인은 "내가 죄악 중에 출생하였음이여 모친이 죄 중에 나를 잉태하였나이다"(시 51:5)라고 했다. 그러므로 영아 상태로 죽은 자들이 모두 구원받을 것이라는 생각은 적절하지 못하다.

반대로 "너와 네 집이 구원을 얻으리라"는 말씀에서처럼, 부모의 믿음이 온 가족에게 결정적인 영향을 미칠 수 있다는 가족 구원의 의미를 고려해 보면, 믿는 부모의 자녀들만 제한적으로 구원받을 가능성이 있을 것으로 생각할 수도 있다. 하지만 성경은 오직 자기 자신의 믿음으로만 구원받는다는 사실을 교훈한다.(겔 18:4,20) 이것은 부모를 포함한 다른 어떤 사람의 믿음이라도 영아의 구원에 직접적인 영향을 끼칠 수 없음을 의미한다. 그러므로 부모가 믿으면 자녀가 자동으로 구원받을 것이라는 생각도 적절하지 못하다.

우리는 영아들에게 구원의 가능성이 있을 수는 있으나, 그 범위가 어느 정도인지를 정확히 알 수는 없다. 따라서 우리는 웨스트민스터 신앙고백 10장 3절에 밝힌 것처럼, 영아 때 죽은 아이들 중에서, 하나님께서 구원하시기로 계획한 사람들이 구원을 받게 된다고 보는 것이 가장 좋을 것이다.

4) 영아 구원의 방법

영아에게는 아직 자아의식이 없다. 따라서 영아는 스스로의 판단이나 결정에 따라 복음을 듣거나 믿을 수 있는 능력을 가지고 있지 못하다. 만일 영아에게 구원의 가능성이 있을 수 있다면, 그들은 과연 어떻게 구원을 받을 수 있을까.

자범죄가 없는 영아라도, 원죄가 있기에 반드시 거듭나야할 필요가 있다. 거듭남은 오직 예수 그리스도로 말미암는다. 따라서 성령께서는 자신의 기쁘신 뜻에 의해 성인들의 일반적인 체험과는 다른 방법, 그러기에 성인들에게는 신비롭게 여겨질 수밖에 없는 방법으로 영아들에게 복음을 듣게 하시고, 또 그리스도 안에서 중생케 하실 것으로 여겨진다.

2. 성인의 경우

우리나라에 복음이 전해지기 전에 살았던 우리 조상들처럼 한 번도 복음을 들어보지 못한 채 죽은 사람들도 구원을 받을 수 있을까. 그들은 복음을 들을 수 있는 기회를 갖지 못했기 때문에 믿지 못했다는 점에서만 보면, 그들의 상황은 영아들과 똑같다. 그러나 그들은 원죄만이 아니라 자범죄를 가지고 있다는 점에서 보면, 영아들과는 또 다르다.

하나님은 전능하신 분이시다. 그러기에 길가의 돌들로도 하나님의 자녀를 만드실 수 있다고 하였고(눅 3:8) 죄인을 마술처럼 신기하게 구원해 내실 수도 있다. 그러나 하나님께서는 자신의 능력을 그렇게 사용하려 하시지 않는다. 하나님께서는 자신의 선하신 의도와 반대되는 방식으로는 자신의 능력을 사용하시지 않는다. 하나님께서는 우리들과는 달리 자신의 능력을 항상 오직 자신의 선하신 의도에 맞도록 사용하신다.

하나님께서는 죄는 반드시 그 대가를 치르게 하신다. 죄의 대가는 죽음이다.(롬 6:23) 하나님께서는 죄인을 구원해주어야만 하는 의무를 가진 분이 아니셨다. 그러나 자신의 선하고 기쁘신 뜻에 따라 죄인을 구원하려고 계획하셨고, 그 계획의 결과 죄에 대한 대가를 죽음으로 치르셔야 했다. 그래서 예수 그리스도께서 십자가에서 죽으셨다.

그러므로 구원에 이르는 유일한 길은 오직 예수 그리스도를 믿는 것이다.

하나님께서는 죄인이 예수를 믿어 구원을 받는 일정한 방법을 지정해 놓으셨다. 그것은 전도의 미련한 방법(고전 1:21), 즉 복음을 들음으로써 믿음에 이르게 되는 방법이다. 복음을 듣는 것은 구원에 이르는 유일한 수단이다. 이 수단이 없으면, 그 결과인 구원도 있을 수 없다. 복음을 듣지 못하고 죽은 사람들은 이 수단을 허락받지 못했다. 따라서 그들은 그 수단으로 말미암는 결과인 구원도 허락받지 못했다고 보아야 한다.

그러나 우리는 그들이 복음을 들을 수 있는 기회를 허락받지 못한 것 때문에, 하나님을 불공평하다고 비난해서는 안 된다. 그들이 멸망의 자리에 이르게 된 것은 하나님께서 밀어 넣으시거나 복음을 들을 수 있는 기회를 주지 않았기 때문이 아니라, 자기 스스로의 죄로 말미암아 그렇게 되었기 때문이다. 그러므로 그들이 멸망에 이른 것은 하등의 불평이 있을 수 없는 당연한 일이다. 이것은 온 인류가 다 마찬가지이다. 그렇기 때문에 하나님께서 그들 중에 어떤 자들을 구원해주신다면, 그것은 하나님께서 은혜를 베푸신 것이다. 그러므로 복음을 들은 사람은 듣지 못한 사람들 때문에 불평을 하기보다, 오히려 하나님의 은혜를 인하여 감사할 수 있어야 한다.

이미 앞에서 지적한 것처럼, 복음을 듣지 못하고 죽은 사람들이 자기의 양심에 따라 구원을 받게 될 것이라고 생각해서는 곤란하다. 왜냐하면 구원이란 선한 양심에 따라 얻어지는 것이 아니며 또 양심에 비추어서 죄가 없기 때문에 구원받을 만한 사람이란 도무지 없기 때문이다. 그럼에도 불구하고 만일 예외로 구원받기를 원한다면, 영아들의 경우처럼 성령의 뜻에 맡기고 따르는 것이 좋을 것이다.

　우리는 복음을 들어보지 못하고 죽은 이들을 생각할 때마다, 아쉬움이나 불공평으로 인한 원망을 가지기 쉽다. 이러한 생각은 근시안으로 우리 눈앞의 것만을 보는데서 생겨나는 오해이다. 우리는 하나님의 시각을 가지고 죄와 구원의 문제를 넓고 멀리서 바라보아야 한다. 그 많은 사람들 중에 어찌 나에게는 이 시대 이 지역에 살면서 복음을 들어 구원에 이르는 기회를 허락하여 주셨을까라고 생각해야 한다. 그리하여 불공평하게 보이는 조건 속에서도 오히려 하나님의 공의와 은혜를 찾아 감사하며 찬송할 수 있어야 한다.

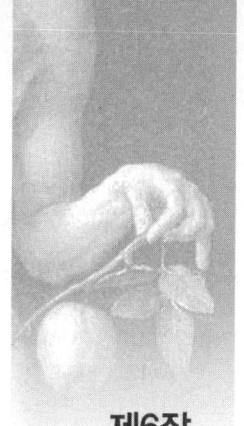

제6장.
성도는 반드시 구원의 확신을 가져야 하는가

"구원 받으셨습니까?" 우리는 이 질문에 조금도 주저 없이 자신 있게 대답하는 사람들을 본다. 때로는 그런 사람들을 보면서 부러운 생각을 가지기도 한다. 그러나 이 질문에 분명한 대답을 할 수 없어 매우 난감해 하는 사람들을 만나기도 한다. 그런가 하면, 이 질문에 주저하는 사람들을 가리켜서 헛 믿은 사람이라고 심하게 몰아붙이는 사람들을 보기도 한다. 우리는 과연 어떤 태도를 가져야 하는가.

이제 성도들이 가져야 할 구원에 대한 확신 여부에 관해서 살펴보기로 하자.

1. 구원의 근거와 성격

구원은 죄와 죄의 결과들로부터 해방 받는 것을 의미한다. 성경은 항상 죄를 하나님과의 관계에서 취급한다. 따라서 사람들과의 관계에서는 아무렇지 않은 일이나 생각도 하나님과의 관계에서는 심각한 죄로 여겨질 때가 많다.(시 51:4) 그러므로 죄와 죄의 결과들로부터 용서를 받는 것은 오직 하나님으로 말미암아 이루어질 때에만 가능해진다.

하나님께서는 죄인의 죄를 용서하고 구원을 주시는 과정에서 아무런 조건도 요구하지 않으신다. 구원은 하나님께서 아무런 대가없이 거저주시는 선물이다. 이 선물은 믿음을 통해서 주어진다. 그러나 그 믿음마저도 하나님의 선물이요, 우리가 구원을 위해 제시해야 할 우리 편의 조건이 되지 않는다.(엡 2:8)

하나님께서 선물로 주시는 구원의 효과는 사람이 살아있을 때나, 이 세상에서만 나타나는 것이 아니다. 구원의 효과는 사람이 죽은 이후에도, 그리고 이 세상이 없어진 이후에도 계속되어진다. 그래서 구원은 영생이라는 말과 같은 의미로 사용되어진다.(롬 5:21)

구원의 효과는 우리가 그것을 분명하게 의식 하는가 또는 하지 못하는가에 따라 달라지지 않는다. 죄인을 향한 하나님의 무조건적인 역사는 사람이 가지고 있는 그 무엇으로도 무효화시킬 수 없다. 따라서 한번 주어진 구원 은혜는 결코 취소되는 일이 없다.(요일 5:18)

2. 확신의 두 유형

성도가 자신의 구원에 대하여 가지는 확신에는 두 가지 유형이 있다.

1) 객관적 확신

하나님은 신실하시고 변함이 없으시기 때문에, 구원에 대한 하나님의 언약은 반드시 성취되어진다고 믿는 것을 객관적 확신이라고 한다. 참된 믿음을 가진 사람은 모두 객관적 확신을 가지고 있다. 예수 그리스도가 어떤 분이신가, 그 분은 나를 위해 무엇을 하셨는가, 내가 그 분을 믿으면 어떤 결과가 올 것인가 하는 것 등, 즉 예수 그리스도께서 가르치신 내용과 약속은 분명한 사실이요 또 그대로 이루어질 것이라고 하는 확신을 가지지 못한 사람은 참된 믿음을 가진 사람이 아니다.

그래서 히브리서의 저자는 "우리가 마음에 뿌림을 받아 양심의 악을 깨닫고 몸을 맑은 물로 씻었으니 참 마음과 온전한 믿음으로 하나님께 나아가자. 또 약속하신 이는 미쁘시니 우리가 믿는 도리의 소망을 움직이지 말고 굳게 잡자"고 말씀하셨다.(히 10:22,23) 그리고 야고보 사도께서는 확신을 갖지 못한 성도를 향해, "오직 믿음으로 구하고 조금도 의심하지 말라. 의심하는 자는 마치 바람에 밀려 요동하는 바다 물결 같으니… 두 마음을 품어 모든 일에 정함이 없는 자로다"라고 주의를 주셨다.(약 1:6,8) 객관적 확신은 참된 믿음에서 없어서는 안 될 요소이다. 그러므로 모든 성도는 객관적 의미의 구원에 대한 확신을 다 가지고 있다.

성도는 자신의 형편이나 주변의 상황과 관계없이 구원에 대한 분명한 확신을 가져야 한다. 구원은 과거에 세례나 특별한 영적은사를 받았는가, 지금 감사와 은혜에 충만한 생활을 하고 있는가, 장차 어떤 일이 있어도 주님 떠나지 않을 자신이 있는가 하는 것과 관계없이 하나님의 선물로 주어지기 때문이다. 우리에게서 나타나는 이와 같은 여러 현상들은 구원의 조건이 아니라, 구원의 열매일 뿐이다.

2) 주관적 확신

예수 그리스도를 믿는 성도가 자신은 이제 죄 용서를 받고 영혼의 구원을 받았다는 사실을 자기 마음속으로 인정하고 안정감을 느끼는 것을 주관적 확신이라고 한다. 성도는 객관적 확신뿐만 아니라, 주관적으로도 구원에 대한 확신을 가질 수 있어야 한다. 그러나 객관적 확신과 주관적 확신이 반드시 일치하는 것은 아니다. 왜냐하면 그리스도의 사역과 말씀에서 나오는 객관적 확신은 개인차가 있을 수 없지만, 성도 각 사람의 마음속에서 나오는 주관적 확신에는 많은 개인차가 있기 때문이다.

사람은 객관적 사실과는 상관없이 그 사람이 가지는 성격이나 받은 교육의 결과에 따라서 지나치게 잘못된 확신을 가질 수도 있고, 남달리 전혀 확신을 가지지 못할 수도 있다. 그러기에 기독교 밖에서도 잘못된 진리에 대한 대단한 확신을 가진 사람들이 많이 생겨나고 있다. 그리고 기독교 안에서도 참으로 그리스도를 믿는다 하면서도 자신의 구원에 대한 확신을 가지지 못한 사람이 있다.

그러므로 주관적 확신의 여부만 가지고 그 사람의 구원을 단정하기란 쉽지 않다. 예수님께서 누가복음 18장에서 비유로 말씀하셨던 세리는 '가슴을 치며 하나님이여 나를 불쌍히 여기옵소서. 나는 죄인이로소이다' 라고 말했다. 그런 세리에 대해서 예수님께서는 '이 사람이 저보다 의롭다 하심을 받고 집에 내려갔느니라' 고 말씀하셨다.(눅 18:13,14) 이 비유에 등장한 세리는 의롭다함을 받은 사람, 즉 구원받은 사람이라고 보아도 좋을 것이다. 그러나 우리는 그 세리가 구원에 대한 주관적 확신까지 가졌을 것이라고 단정할 만한 근거를 찾아볼 수 없다.

한 바리새인의 집에서 옥합을 깨뜨리고 머리카락으로 예수님의 발을 씻었던 여자는 "네 믿음이 너를 구원하였으니 평안히 가라"는 예수님의 말씀을 들었다.(눅 7:50) 예수님의 말씀을 믿는 사람이라면, 그 여자 자신을 포함하여 누구든지 그 여자의 구원에 대하여 확신을 가질 수 있을 것이다. 하지만 우리는 성경에서 그 여자가 주관적인 확신까지 가지고 돌아갔다고 단정할 증거는 찾을 수가 없다.

우리는 사도행전에서 "회개하여 각각 예수 그리스도의 이름으로 세례를 받고 죄 사함을 얻으라"는 사도 베드로의 말씀을 듣고 삼천 명이나 되는 사람들이 세례를 받고 제자가 되었다는 말씀을 본다.(행 2:38-41) 그 날에 세례를 받았던 사람들은 예수 그리스도를 믿고 죄 사함을 받은 사람들이었음에 분명하다. 그러나 그 삼천 명 모두가 자신의 구원에 대한 주관적 확신을 동일한 수준으로 가졌었다고 보기는 힘들다.

3. 구원과 확신

객관적 확신은 구원의 본질적인 요소이다. 그러므로 객관적 확신을 가지지 못한 사람은 구원받은 사람이라고 말할 수 없다. 자신의 연약한 형편만을 생각하고 구원에서 멀어질까 염려하는 사람은 참 믿음을 가진 사람이 아니다. 하나님께서는 아무리 탕자처럼 멀어진 사람이라도 한번 구원하신 사람은 끝까지 버리지 아니하시고 다시 불러내서 아들(구원)의 자리에 이르게 하신다. 구원에로 부르시는 하나님의 은사와 부르심에는 결코 후회함이 없다.(롬 11:29) 성도는 어떠한 상황이 벌어진다 하더라도, 구원에 대한 분명한 확신을 가지고 조금도 흔들림이 없어야 한다.

하지만, 주관적 확신은 구원의 본질적인 요소가 아니다. 주관적 확신은 구원받은 사람에게서 나타나는 열매이다. 열매는 맺히고 익어가는 정도에서 한 나무 가지 중에서도 서로 개인차가 있게 마련이다. 그러므로 주관적인 확신이 부족하다고 하여 구원받지 못했다고 쉽게 단정하는 것은 잘못이다. 믿음은 사람마다, 그리고 시기마다 그 정도가 다양하여서 약하기도 하고 강하기도 하다.(히 5:13,14, 롬 4:19,20) 믿음은 종종 여러 가지 공격을 받아 약해지기도 한다. 그러나 참 믿음은 마침내 승리를 얻는다. 구원에 이르게 하는 참 믿음은 여러 면에서 성장을 하여(히 6:11, 10:22), 우리 믿음의 시작과 마침이 되시는 예수 그리스도를 통하여 충만한 확신에 이르고야 말기 때문이다.(히 12:2)

주관적 확신이 구원의 본질적 요소가 아니라는 말을, 주관적인 확신은 없어도 좋다는 의미로 오해해서는 안 된다. 지극히 작은 겨자씨라도 새가 깃들일 수 있는 큰 나무로 자라는 것처럼, 믿음도 성장을 해야 한다. 그래서 그 깊이와 넓이를 더하여 부족하던 확신을 몰아내고, 어떠한 형편 속에서도 마음속에 자신의 구원에 대한 분명한 확신을 가질 수 있는 수준에까지 자라야 한다.

구원은 하나님께서 아무런 조건 없이 사람에게 주시는 선물이다. 구원은 사람의 조건에 따라 주어지거나, 취소되지 않는다. 그러므로 하나님의 약속을 믿는 사람은 자신의 상태와 상관없이 하나님의 언약을 근거로 구원에 관한 확신을 가져야 한다. 그러나 각 사람의 주관적인 느낌에는 개인차가 있다는 사실을 인정하고, 주관적 확신만으로 구원 여부를 단정하려 해서는 안 된다. 만일 주관적인 확신이 부족한 사람이 있다면, 후히 주시고 꾸짖지 아니 하시는 하나님께 확신을 가질 수 있도록 구하여야 할 것이다. 그리고 구원이 오직 하나님의 은혜로 주어진다는 사실을 분명하게 깨닫고 익혀서, 주관적 확신에서도 흔들림이 없는 수준에 이르도록 자라기를 위해 힘써야 할 것이다.

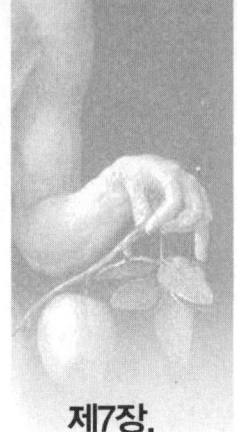

제7장.
하나님의 뜻은 어떻게 알 수 있는가

예수님께서는 겟세마네 동산에서, "아버지여, 만일 아버지의 뜻이어든 이 잔을 내게서 옮기시옵소서, 그러나 내 원대로 마옵시고 아버지의 원대로 되기를 원하나이다"(눅 22:42)라고 기도하셨다. 철저하게 하나님의 뜻을 따르려는 삶의 모습이다. 성도들은 누구나 예수님처럼 하나님의 뜻대로 살기를 원한다. 그러나 우리는 일상생활에서 일어나는 모든 일들에 대한 하나님의 뜻을 구체적으로 알지 못하고 있다. 또 일단 하나님의 뜻이라고 하는 판단을 내렸을 때는, 모든 노력을 체념하고 거기에만 집착하고 매달리는 경우도 있다.

이제 우리는 하나님의 뜻을 어떻게 알 수 있는가, 그리고 그 하나님의 뜻은 어떻게 이루어지는가에 대해서 살펴보자.

1. "하나님의 뜻"의 의미

하나님의 뜻이란, 하나님이 마음이나 생각을 높여 부르는 말로, 특히 사람에 대한 하나님의 생각을 의미한다. 성경에서는 하나님의 뜻이 "주의 뜻", "아버지의 뜻", "아버지의 원"이라고도 불려졌다.

모든 피조물들은 하나님의 뜻에 따라 지음을 받아서 존재하고 움직인다.(계 4:11) 사람의 생명과 땅의 경계(행 17:26,28), 국가의 흥망성쇄, 동식물의 생명 등 모든 것들이 다 하나님께서 정하신 뜻에 따라 움직인다. 하나님의 뜻이 없으면, 키가 한자도 자라지 못하고, 참새 한 마리도 땅에 떨어지지 않는다.(마 10:29) 이처럼 하나님의 뜻은 크고 넓기 때문에, 사람의 생각으로는 하나님의 뜻을 다 헤아릴 수가 없다.

한편, 하나님의 뜻은 영원 전부터 정해져 있다. 따라서 하나님의 뜻은 그 무엇에 의해서도 변경되지 않는다. 성경에는 모세의 기도로 "하나님께서 그 뜻을 돌이키셨다"(출 32:14)는 말씀이 있다. 하지만 이 말씀은 하나님께서 실제로 뜻을 바꾸셨다는 말이 아니다. 다만 우리들이 이해할 수 있도록 우리 편에서 표현한 것에 불과하다. 성경에는 이러한 표현들이 많다. 해는 동쪽에서 떠서 서쪽으로 진다고 한다. 그러나 사실은 해가 떠서 지는 것이 아니다. 해는 가만히 있고 지구가 돌뿐이다. 하나님은 영이시기에 눈에 보이는 형체가 없는 분이시다. 그럼에도 불구하고 하나님의 눈동자와 발등상을 말한다. 모두가 하나님을 사람 편에서 이해하기 쉽도록 표현한 것이다. 우리는 이것을 신인동성동형적(神人同性同形的) 표현 방법이라고 부른다.

2. 하나님의 뜻을 아는 방법

우리는 다음의 방법들을 통해서 하나님의 뜻을 알 수 있다.

1) 계시, 특히 성경

사람은 하나님의 뜻을 알 수 없다. 그러나 하나님께서 알게 해주시면, 즉 계시를 해주시면, 그 계시의 범위 안에서는 하나님의 뜻을 알 수 있다. 하나님께서는 자연현상, 역사(歷史), 사람의 육체적 정신적 구조와 같은 일반계시를 통해서 하나님께서 창조주이심을 알게 하신다. 그러나 일반계시만으로는 사람들이 구원에 관한 진리를 알 수 없기 때문에, 특별계시를 통해서 구속주이신 하나님, 구원을 받는 방법, 구원받은 사람이 해야 할 일 등을 알게 해주신다. 그리고 우리에게 꼭 필요한 특별계시는 성경으로 기록해 놓으셨다. 그러므로 하나님의 뜻을 알 수 있는 가장 좋은 방법은 성경의 안내를 받는 것이다.(롬 2:18)

하지만 우리의 관심은 어떤 직업을 가질 것인가, 어떤 배우자를 선택해야 할 것인가, 어느 지방으로 이사를 가야 할 것인가 등등 하나님의 뜻보다는 세상에 더 많이 쏠려 있다. 성경에는 각 사람을 향한 하나님의 구체적인 뜻까지 다 밝혀져 있지는 않다. 이것은 성경에서 알려주신 기본적인 하나님의 뜻을 알아냈다면, 우리는 하나님의 영광을 위한 목표를 가지고 성경이 말씀하는 선한 방법에 따라서 최선을 다하는 것으로 만족해야 한다는 것을 가르치기 위함이다. 그럼에도 불구하고 구체적인 하나님의 뜻을 알고 싶을 때는 다음 몇 가지 방법들을 더 고려해 보는 것이 좋다.

2) 기도

개인을 향한 하나님의 구체적인 뜻은 주로 기도를 통해 알려진다. 그래서 예수님께서는 우리에게 구하고 찾고 두드릴 것을 가르치셨다.(마 7:7) 하나님의 뜻을 알게 하시는 기도의 응답은 연관된 성경말씀을 읽고 듣는 중에 깨달아지는 형식으로 나타나거나, 구체적인 현상으로 나타나거나, 마음속에 느껴지는 감동 등으로 주어지는 것이 보통이다. 우리는 모든 응답이 기이한 현상을 통해서만 나타나는 것이 아님을 기억하고, 무당들에게서나 보는 것 같은 건전치 못한 신비주의에 빠지지 않도록 조심을 해야 한다.

3) 강한 의욕과 기쁨

사람을 인격체로 만드신 인격적인 하나님께서는 각 사람의 인격을 통해서도 하나님의 뜻을 알게 하신다. 하나님께서는 사람이 하나님의 뜻을 이루려고 할 때, 그 사람에게서 강한 의욕을 불러일으켜 뜨거운 사명감이나 의무감을 가지게 하신다. 또 그 일을 통해서 큰 기쁨과 만족감을 느끼게 하신다. 그러므로 우리 안에서 어떤 강한 감정이 일어난다면, 먼저 인간적인 이기심에서 나온 느낌이 아닌지를 살펴본 후에, 하나님께서 주신 감정이라고 느껴진다면 그 감정을 통해서, 우리 안에서 선한 소원을 두고 역사하시는 하나님의 뜻을 알 수 있는 좋은 기회로 삼아야 한다.(빌 2:13)

4) 감당할 만한 재능

하나님의 뜻을 알기 위해서는 자기에게 부여되어 있는 재능을 살피는 것도 중요하다. 축구선수나 가수가 되는 것이 하나님의 뜻이라고 생각하면서도 달리기나 노래를 못한다면, 그 생각은 잘못된 것이다. 하나님께서는 말 잘하는 아론을 보내 모세를 돕게 하셨고(출 4:14), 수금을 잘 타는 다윗을 통해 악신이 물러가게 하셨고(삼상 16:23), 가말리엘 문하에서 많은 공부를 했던 바울을 사용해 복음의 도리를 기록하게 하셨다.(행 22:3) 사람은 누구나 자신만의 재능을 가지고 있다. 하나님의 뜻은 악하고 게으른 종처럼 가진 재능을 감추어두는 것이 아니라, 착하고 충성된 종이 되도록 그 재능을 잘 활용하는 방법을 통해 이루어진다. 그러므로 자신의 재능을 살피는 것은 하나님의 뜻을 알 수 있는 유익한 방법이 될 수 있다.

5) 길이 열려짐

하나님께서는 사람이 하나님의 뜻을 이루어 갈 때에는 그 길이 계속 열려지게 하시고, 그렇지 않을 때에는 그 길을 강제로라도 막으신다. 주인 아들의 아내를 구하러 갔던 아브라함의 늙은 종은 하나님의 뜻에 따라 그 길이 순적하게 열리는 것을 체험했다.(창 24:27) 사도 바울께서는 전도의 여행을 하면서도 늘 하나님께서 전도의 문을 열어 주시기를 기도하셨다.(골 4:3) 그러나 하나님의 뜻을 어기고 발락을 찾아가던 발람이나, 다시스로 가는 배를 탔던 요나의 길은 칼을 빼든 여호와의 사자와(민 22:23) 풍랑으로 가로막히고 말았다.(욘 1:12) 이러한 하나님의 섭리는 지금도 나타나고 있다. 그러므로 일시적인 성공이나 실패가 아닌 계속적인 성공과 실패의 과정을 주의 깊게 살피는 것은 하나님의 뜻을 알 수 있는 하나의 방법이 된다고 할 수 있다.

6) 다른 사람의 생각

하나님의 뜻을 알기 위해서는 다른 사람의 생각을 참고하는 것도 필요하다. 하나님께서는 요나를 물속에 던져 넣으실 때나, 일곱 집사를 세우실 때, 제비(투표)를 통해 자신의 뜻을 알도록 하셨다. 그래서 성경은 제비는 사람이 뽑아도 그 일을 작정하신 이는 하나님이시라고 말씀했다.(잠 16:33) 아무리 장로나 집사나 국회의원이 되고 싶어도 선거 때마다 실패를 한다면, 그 길을 가는 것이 과연 하나님의 뜻이겠는지를 다시 생각해 보는 것이 좋을 것이다. 다른 사람의 생각을 아는 것을 제비뽑기에만 국한할 필요는 없다. 하나님의 뜻을 알기 위해서는 영적 분별력을 가진 사람들의 생각을 많이 듣는 것도 매우 주요한 일이다. 주변에 이런 사람을 많이 가진 사람은 참 행복한 사람이다.

3. 하나님의 뜻과 인간의 책임

하나님의 뜻은 반드시 이루어진다. 그래서 하나님의 뜻이라는 말을 들으면, 모든 노력을 포기하고 체념하기가 쉽다. 그러나 하나님께서는 자신의 뜻이 이루어지도록 하실 때, 강압적이고 일방적인 방법만 사용하시는 것이 아니다. 오히려 대부분은 자연법칙이나 사람의 노력을 통한 제이차적인 요인들을 효과적으로 사용하신다.

사람은 하나님의 뜻에 따라 정해진 동안 살다가 죽는다. 그러나 그 생명은 부지런히 일하여 얻은 소득으로 음식을 먹음으로써 유지가 되게 하시고, 건강에 유의하지 못해 얻은 병이나 나쁜 음식으로 죽음을 맞게 하신다. 부자나 학자가 되게 하는 하나님의 뜻은 그에 합당한 사람의 피나는 노력을 통해 이루어지게 하신다. 음식을 먹지 않으면 생명을 유지하지 못하고, 노력이 없으면 부자나 학자가 될 수 없게 하신다. 그러므로 하나님의 뜻이 이루어지기 원하는 사람은 자신의 노력을 체념하고 하나님만 쳐다보아서는 안 된다. 하나님의 뜻이 이루어지도록 하기 위해서 자신에게 맡기신 노력에 최선을 다해야 한다. 체념적인 태도는 좋은 믿음의 자세라기보다 오히려 하나님의 심판을 초래하게 만드는 악이 되기 쉽다.

하나님의 뜻은 우리에게 좋은 것을 주시려 하신다. 그러나 그 좋은 것은 구하는 과정을 통해 주어진다. 구하지 않으면 얻지 못한다.(약 4:2) 하나님께서는 야곱에게 복을 주고 큰 민족과 부자가 되게 하셨다. 그러나 그 뜻은 20년 동안에 걸친 야곱의 지혜롭고 근면한 수고를 통해 이루어졌다. 하나님께서는 요셉을 애굽에 보내 자기 민족을 구원하도록 섭리하셨다. 그러나 형제를 사랑해야 할 책임을 다하지 못하고 동생을 팔았던 형들은 죄책감 속에 살다가 마침내 동생 앞에서 큰 부끄러움을 느껴야 했다.

하나님께서는 제이차적인 요인들이 없어도, 직접적으로 개입하셔서 하나님의 뜻이 이루어지게 하시는 경우도 있다. 엘리야에게는 직접 까마귀를 보내 음식을 먹이셨고(왕상 17:6), 빈들에 모여든 많은 사람들에게는 친히 적은 양의 떡과 물고기로 배불리 먹이셨다.(마 14:20) 빌립 집사님은 수고하여 걷지 않고도 다른 곳으로 옮겨가게 하셨다.(행 8:39) 그러나 우리들이 이적이라고 부르고 있는 이러한 경우들은, 하나님의 뜻이 이루어지는 일상적인 형태가 아니다. 하나님께서 하고자 하실 때 사용하시는 예외적인 사례이다. 하나님께서 예외적으로 사용하시는 이적을 우리 편에서 일상적으로 기대하는 것은 하나님과 우리의 위치를 잘못 이해하고 바꾸려는 큰 잘못이다.

우리는 하나님의 뜻이 하늘에서 이루어지는 것 같이 땅에서도 이루어지기를 기도한다. 따라서 우리는 하나님의 뜻을 거역하지 않아야 한다. 그러기 위해서는 하나님의 뜻을 잘 분별할 필요가 있다. 우리 모두를 향하신 하나님의 뜻은 성경말씀에 잘 나타나 있다. 그러므로 하나님의 뜻을 알기 위해서는 먼저 성경에 익숙해야 한다. 우리는 많은 경우에서 성경만으로 만족을 느낄 수 있다. 그러나 필요하다면, 간절한 기도, 그리고 자기의 마음에 일어나는 강한 의욕과 기쁨, 자기가 가진 재능, 형통케 하시는 하나님의 인도, 다른 사람의 생각 등을 종합해 보는 것도 유익하다. 이런 과정들을 통해 하나님의 뜻을 알게 되었다면, 하나님의 직접적인 간섭의 가능성을 배재하지 않으면서도, 나의 노력이 하나님의 뜻을 이루는 도구로 사용되도록 최선의 노력을 아끼지 말아야 한다.

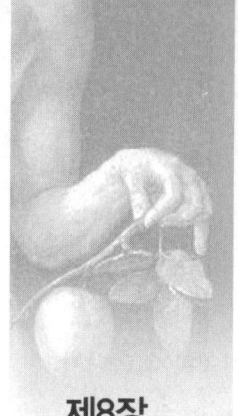

제8장.
성령은 어떤 분이신가

성령과 성령의 사역은 아무리 강조를 해도 지나칠 것이 없다. 성령께서는 성자께서 이루어 놓으신 구속사역의 효과를 우리에게 적용시키시고, 우리의 삶에 활기와 능력을 공급하여 구원이 완성되도록 해주시기 때문이다. 그래서 초대교회 때부터 오늘에 이르도록, '지금은 성령의 시대'라고 강조하는 사람들이 늘 있어 왔다. 그러나 성령과 성령의 사역에 대해서 잘못 생각하는 사람들도 많았다. 그들은 성령을 하나의 특별한 운동력으로 생각하거나, 신약시대에만 역사하는 분인 것처럼 말하거나, 특별한 은사를 주시는 것만이 성령께서 하시는 모든 일인 것처럼 말한다.

이제 성령은 어떤 분이시며, 어떤 일을 하시는지 살펴보자.

1. 성령은 어떤 분이신가

1) 인격체이시다

성경에서 성령을 가리키는 말은 거룩한 "바람 또는 호흡"을 의미한다. 그래서 성령을 대단한 결과를 생겨나게 하는 하나의 특별한 힘으로 생각하는 사람들이 있다. 그들은 성령을 특별한 사람들이 가지고 다니다가 원하는 대로 나누어주거나 받는 귀한 물건에 불과한 것처럼 취급한다. 미친 듯 주문을 외우다가 신접한 무당이 하는 것처럼, 자기가 애써 노력하면 성령에 감동을 받아서 희한한 일들을 해낼 수 있을 것으로 생각한다. 매우 잘못된 생각이다.

성령은 신기한 힘이나 에너지가 아니라, 인격체이시다. 성령께서는 하나님의 깊은 것까지도 통달하시는 지식을 가지고 있다.(고전 2:10) 말할 수 없는 탄식을 하시는 감정을 가지고 있다.(롬 8:26) 우리 안에 거룩한 뜻을 두고 그리스도 예수의 날까지 이루시려는 의지를 가지고 있다.(빌 1:6) 성령께서는 이처럼 지 정 의의 활동을 하시는 인격체이시다. 그러므로 성령을 특별한 물건이나 에너지처럼 생각하는 것은 너무나도 큰 잘못을 범하는 것이다.

2) 하나님이시다

성령은 삼위일체 중 제삼위가 되시는 하나님이시다. 성령께서 하나님이시라는 사실은 성경에 여러 가지 형태로 밝혀져 있다. 성령을 하나님이라는 이름으로 불렀다.(행 5:3,4) 성부 성자 하나님과 더불어 나란히 언급을 함으로써, 성령께도 하나님이 받으시는 영광을 돌렸다.(마 28:19) 편재, 영원, 전지, 전능 등 오직 하나님께만 있는 속성을

가지신 분으로 말씀했다.(욥 26:13, 시 139:7,8, 사 40:13, 고전 2:10)

그러므로 우리는 성령을 마땅히 하나님으로 알아, 그에게 영광을 돌리며 순종하는 자세를 가져야 한다. 우리는 성령을 우리가 필요에 따라 주고받는 우리보다 낮은 대상으로 여길 것이 아니라, 우리를 다스리시는 높으신 하나님으로 대해야 한다. 성도의 위치는 성령을 부리는 자가 아니다. 오히려 성령의 다스림을 받고 성령의 인도하심에 복종해야 할 위치에 있을 뿐이다.

3) 성부와 성자로부터 나오신 분이시다

요한복음 15:26에서 성령은 "보혜사 곧 아버지께로서 나오시는 진리의 성령"이라고 했다. 또 요한복음 16:7에서는 "내가 떠나가지 아니하면 보혜사가 너희에게로 오시지 아니할 것이요 가면 내가 그를 너희에게로 보내리니"라고 했다. 그러므로 성령께서는 성부 그리고 성자 하나님으로부터 나오신 분이시다. 성령께서 성부 성자로부터 나오셨다는 것은, 성부 성자와 구별이 있으면서도 성부 성자와 더불어 밀접한 관계를 유지하고 계심을 의미한다. 그래서 성령은 "하나님 영" "주의 영" "그리스도의 영"이라고도 불려진다. 아버지 안에 아들이, 아들 안에 아버지가 계시는 것처럼, 아버지 안에 성령이 또 아들 안에 성령이 서로 내주(內住)하는 형태로 거하고 계시기 때문에, 성부 성자 성령은 서로 구별되는 인격체이면서도, 서로 분리될 수는 없는 한 하나님이시다. 그래서 우리는 이러한 관계를 삼위일체 되신 하나님이라고 부른다.

2. 성령은 어떤 일을 하시는가

성자께서는 "아버지께서 일하시니 나도 일한다"(요 5:17) 하시면서 열심히 일을 하셨다. 성령께서도 성부 성자처럼 쉬지 않고 일하고 계신다. 우리는 성령께서 하고 계시는 많은 일들을 일반사역과 특별사역으로 나누어 설명해 볼 수 있다. 일반사역이란 성령께서 모든 피조물이 창조질서를 유지할 수 있도록 하시는 사역을 말하고, 특별사역은 하나님께서 특별히 선택하신 사람들이 구원에 이를 수 있도록 하시는 성령의 사역을 말한다. 성령의 사역은 어느 경우이던, 일방적으로 임하셔서 아무런 대가 없이 유익을 가져다주시는 사역이기 때문에 은혜로운 사역이다. 그래서 일반사역은 일반은혜, 특별사역은 특별은혜라고도 불려진다. 이제 각 사역의 구체적인 내용을 살펴보자.

1) 일반사역

① 생명의 잉태와 유지

성령께서는 동식물과 사람을 포함한 모든 피조물들에게 생명을 주시는 일을 하신다.(시 33:6) 생명은 양성(암수)의 결합으로 생겨난다. 그러나 양성의 결합은 성령께서 생명을 잉태하게 하실 때 사용하시는 수단에 불과하다. 성령께서 생명을 주시지 않으면, 제아무리 양성의 결합이 있어도 생명이 생겨나지 않는다. 그래서 성경은 태의 열매는 여호와의 기업과 상급이라고 했다.(시 127:3) 또 성령께서는 잉태된 생명을 유지하는 일도 하신다. 물을 떠난 고기가 살 수 없는 것처럼, 성령께서 일하시지 않으면 생명은 죽고 만다. 성령께서는 뜻이 있어 생명을 잉태케 하시고, 그 뜻이 이루어지면 그 생명을 거두어 가신다. 그러므로 생명과 관련한 성령의 사역을 아는 사람은 죽음 앞에서도 낙심하지 않고, 오히려 위로와 감사와 소망을 가지게 된다.

② 재능 부여

성령께서는 피조물에게 재능을 부여하여 각기 적절한 역할을 하게 함으로써 자연계 안에 조화가 이루어지도록 하신다. 사람의 지혜, 지식, 손재주, 글재주, 능한 언변, 달리기 등 각종 재능도 다 성령께서 주시는 선물이다. 그래서 남다른 재능으로 회막을 만들고 장식했던 브사렐이나 오홀리압은 성령에 충만한 사람들이었다.(출 31:3,6)

③ 도덕질서 유지

성령께서는 피조세계에 도덕질서가 유지되도록 하는 일도 하신다. 인간은 최초 범죄 이후 점점 더 악하여져서 온갖 악행을 더하고 있다. 그러나 극도로 악한 수준에 이르지 않고 지금의 도덕수준 정도라도 유지하고 있는 것은 성령께서 악은 억제가 되고, 선이 증대되도록 일을 하고 계시기 때문이다. 성령께서는 양심, 여론, 법률, 자연현상, 섭리적 상벌 등을 효과적으로 이용하여 도덕질서가 유지되도록 하신다.

2) 특별사역

① 계시, 영감, 조명

성령께서는 하나님의 뜻을 사람들에게 계시하시고(벧후 1:21), 계시된 내용이 오류가 없이 기록되어 보존될 수 있도록 영감을 하시고(딤후 3:16), 영감으로 기록된 말씀이 바르게 깨달아지도록 조명하는 일을 하신다.(요 16:13) 이는 하나님의 구원에 관한 계획이 온전하게 이루어지도록 하기 위해 하시는 일이다.

② 성육신

성령께서는 구원 계획이 성취될 수 있도록 그리스도께서 사람의 몸에 육체로 잉태되게 하셨다.(마 1:20) 그리스도께서 성육신하시는 과정에서 아버지 요셉을 빼고 성령께서 직접 관여하신 것은 그리스도께서 원죄로부터 자유 하여 죄가 없는 구세주가 되게 하시려는 것이었다.(히 9:14)

③ 구속의 개인적 적용

성령께서는 그리스도로 말미암아 성취된 구속의 효과가 믿는 사람들 속에 개인적으로 적용이 되도록 하기 위해서, 세례(고전 12:13), 충만(행 2:4), 내주(행 14:16,17), 기름부음(요일 2:20), 인치심(엡 1:13), 보증(고후 5:5), 증언(롬 8:16), 중재 기도(롬 8:26,27), 인도(요 16:13) 하는 등의 일을 하신다. 이 때문에 성도는 성령님과 더불어서 매우 밀접한 관계를 유지해야 한다.

④ 교회의 설립, 유지

성령께서는 공적으로 교회를 설립케 하고 유지케 하여 구속의 적용이 넓게 또 오래 계속되도록 하는 일을 하신다.(엡 2:22) 그래서 성경은 교회를 "성령의 전"이라고도 부른다.(고전 3:16)

3) 영적 은사

성령께서는 특별한 경우 특별한 사람에게 영적인 은사를 주시는 일을 하신다. 고전 12장은 성령께서 주시는 영적 은사들을 지혜, 지식, 믿음, 병 고침, 능력 행함, 예언, 영분별, 방언, 방언의 통역 등으로 소개하고 있다.

　영적 은사들은 모든 사람에게 똑같이 주어지지 않는다. 어떤 사람은 다른 사람이 가진 은사를 받지 못하기도 하고, 어떤 사람은 여러 가지 은사들을 동시에 가지기도 한다. 그러나 어떤 사람은 아무런 은사도 받지 못하기도 한다. 또 영적 은사는 가졌다가 소멸하기도 하고, 없다가 생기기도 한다.

　그러므로 영적 은사는 모든 사람의 구원에 필수적인 요소가 아니다. 다만 복음을 전함에서나 구원의 완성에 이르는 과정, 즉 성화의 과정에서 도움이 되는 부수적인 수단에 불과하다. 방언의 은사를 받지 못해도 구원받을 수 있고, 지식의 은사를 받지 못해도 성경을 통한 구원의 도리를 아는 데는 전혀 부족할 것이 없다. 한편 강도는 방언을 하지 않고도 구원을 받았다. 대부분의 성도는 예언이나 병 고치는 은사를 받지 못했지만 구원을 받았다. 그러므로 우리는 영적 은사를 지나치게 의지하거나, 남다른 영적 은사를 받았다 하여 영적 은사를 받지 못한 사람을 무시하는 교만한 마음을 가져서는 안 된다.

　성령은 인격적인 하나님이시다. 그러므로 우리는 성령의 다스림과 인도함에 순종을 해야 한다. 마치 어떤 물건을 다루듯 성령을 대함으로, 우리 안에 내주하시는 성령을 근심케 해서는 안 된다. 성령께서는 지금도 우리 각 사람 안에서 쉬지 않고 일을 하고 계신다. 성경을 조명하여 바른 깨달음을 얻게 하시고, 충만케 하여 거룩한 삶을 살게 하시고, 기름을 부어 담대하게 하신다. 때로는 어떤 사람에게 예외적인 영적 은사를 주어, 복음 사역과 구원 완성에 유익이 되게 하시기도 한다. 우리는 이처럼 날마다 성령의 사역 안에 살고 있다. 그러므로 우리는 성령께서 우리 안에서, 그리고 우리를 통해서 더욱 효과적으로 일하실 수 있도록 성령님을 바로 알고 바로 대해야 할 것이다.

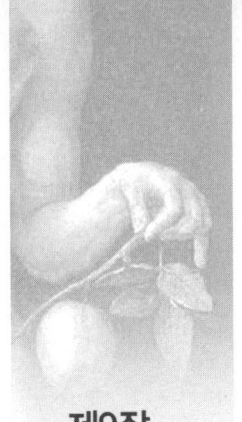

제9장.
성령의 세례와 충만은 어떻게 다른가

예루살렘 교회의 파송을 받은 베드로와 요한 사도께서는 사마리아에 내려가서 주 예수의 이름으로 세례를 받은 사람들에게 성령받기를 기도하여 성령이 임하게 하신 일이 있다.(행 8:14-17) 그리고 사도 바울께서도 에베소에 있는 제자들이 "너희가 믿을 때에 성령을 받았느냐"는 물음에 "아니라 우리는 성령이 있음도 듣지 못하였노라"고 답하는 것을 듣고는, 그들에게 주 예수의 이름으로 세례를 베푼 후, 그들에게 안수하여 성령이 임하시게 함으로써, 방언도 하고 예언도 하게 하신 일이 있다.(행 19:2-8)

그렇다면 성령을 받는 것과 세례를 받는 것은 어떻게 다른가. 그리고 성령의 세례와 성령의 충만함은 또 어떻게 다른가에 대해 살펴보자.

1. 성령과 세례

세례는 예수 그리스도를 주로 믿는 자들이 죄를 씻음 받고 의인이 됨으로써 이제 하나님의 자녀가 되었음을 표하고 인치는 의식이다. 그래서 세례는 물을 사용하여 죄 씻음을 표시한다. 그러나 사람은 유한한 존재이기 때문에, 잘못된 이해에서 비롯된 믿음을 가지고 신앙 고백을 하거나 거짓으로 믿음을 고백하는 경우가 있다. 따라서 물세례는 진정한 믿음에서 나온 구원과 정확히 일치하지 않는 때가 있을 수 있다. 그래서 성경은 물세례 이외에 성령의 세례를 말하기도 한다.

성령의 세례는 모든 것을 정확히 통달하고 계시는 성령으로 말미암아 베풀어지는 세례이다. 따라서 물세례에서 있을 수도 있는 오해나 거짓이 있을 수 없다. 성령께서는 사람에게 임하시어, 믿음의 내용을 확증하시고 깨닫게 하시고 믿어지게 하신다. 또 이 과정에서 필요하다면, 성도의 마음속이나 밖에서 특별한 능력이나 현상이 나타나게 하시기도 한다.

그러므로 우리는 성령이 임하셨다는 표현을 한 가지 의미로만 생각할 수 없다. 성령이 임하셨다는 표현은 문맥에 따라 중생케 하시는 은혜를 베푸심, 중생을 확증하는 증거를 보여주심, 중생한 사람답게 살 수 있도록 하심, 중생의 복음이 효과적으로 전파되고 섬겨지도록 하심 등의 의미로 다양하게 해석될 수 있기 때문이다.

성령의 임하심은 성령의 세례나 성령의 충만이라는 말로 설명되기도 하므로, 성령의 세례와 충만에 대해 각각 살펴보기로 하자.

2. 성령의 세례

성령의 세례는 물세례와 밀접한 관계를 가지고 있다. 물세례는 성령의 세례가 가지고 있는 의미를 가르쳐주는 예표이기 때문이다. 이 사실은 예수님께서 "요한은 물로 세례를 베풀었으나 너희는 몇 날이 못되어 성령으로 세례를 받으리라"고 하신 말씀이나(행 1:5), 세례 요한께서 "나는 너희에게 물로 세례를 주었거니와 그는 성령으로 너희에게 세례를 주시리라"(막 1:8)고 하신 말씀에서 잘 드러난다.

물세례를 살펴보면, 세례는 다음과 같은 특성들을 가지고 있음을 알 수 있다. 세례는 예수 믿는 사실을 시인하는 사람에게 맨 처음으로 행해지는 의식이다.(최초성) 한번 세례를 받은 사람은 그 효력이 일생동안 계속 유지되기 때문에, 반복해서 다시 세례를 받을 필요가 없다.(단회성, 지속성) 세례는 죄 씻음 받았음을 표하고 인치는 의식이다.(정결성) 믿는 사람은 누구나 다 세례를 받는다.(보편성) 세례를 주라는 명령은 있으나 세례를 받으라는 명령이 없는 것을 보면, 세례는 사람보다 하나님으로부터 일방적으로 주어지는 성질을 가진다.(하나님의 주권성)

물세례에 나타난 특성들은 성령의 세례에서도 그대로 나타난다. 사도 베드로께서는 예루살렘에 올라갔을 때, 고넬료가 믿게 된 사실을 말씀하면서 "내가 말을 시작할 때에 성령이 저희에게 임하시기를 처음 우리에게 하신 것과 같이 하는지라. 내가 주의 말씀에 요한은 물로 세례를 주었으나 너희는 성령으로 세례를 받으리라 하신 것이 생각났노라"(행 11:15,16)고 하셨다. 이것은 자신이나 고넬료에게 있어서 성령의 세례가 최초성을 가지고 있음을 설명한 것이었다. 사도 바울께서 "주의 이름을 불러 세례를 받고 너의 죄를 씻으라"(행 22:16)고 하신 말씀과 "주 예수 그리스도의 이름과 우리 하나님의 성령 안에서 씻음과 거룩함과 의롭다 하심을 얻었느니라"(고전 6:11)고 하신 말씀을 비교해 보면, 우리는 성령의 세례에 정결성이 있음을 본다. 또 사도 바울께서는 고전 12:13에서 "다 한 성령으로 세례를 받아 한 몸이 되었고, 또 다 한 성령을 마시게 하셨다"고 하심으로써, 성령 세례의 보편성에 대해 말씀했다. 우리는 성경에 성령의 세례는 받으라는 명령이 없는 사실과, 한번 성령의 세례를 받았던 사람이 다시 받았던 예도 없었던 사실을 통해, 성령의 세례가 하나님의 주권성과 단회성을 가지고 있음을 알게 된다.

성령께서 하시는 사역 중에서 이러한 특성들을 가지고 있는 것은 오직 회심과 중생뿐이다. 그러므로 우리는 성령의 세례란, 죄인을 회심시켜 중생케 하시는 성령의 사역을 의미한다고 보아야 한다.

3. 성령의 충만

성경에는 브사렐(출 31:3), 여호수아(신 34:9), 세례 요한(눅 1:15), 엘리사벳(눅 1:41), 사가랴(눅 1:67), 오순절에 다락방에 모였던 제자들(행 2:4), 베드로(행 4:8), 바울(행 9:17), 스데반(행 6:5), 바나바(행 11:24) 등 성령에 충만했던 사람들이 많이 등장한다. 브사렐의 경우는 성령께서 그에게 회막을 만들 수 있는 특별한 재능을 주셨음을 의미하기에 성령의 일반사역과 관계가 있다. 그러나 다른 경우들은 모두 영적인 의미, 즉 성령의 특별사역과 관계되어 있다. 그러므로 성령의 충만은 일반적으로 성령의 특별사역과의 관계에서 사용되었다.

성령의 세례는 죄 씻음을 인 치려는 목적을 가지고 있다. 그러나 성령의 충만은 두 가지의 목적, 즉 도덕적 개선이 있는 생활과 효과적인 사역의 감당이라는 목적을 가지고 있다. 성령에 충만한 생활이란 어떤 이적적인 현상을 경험하는 생활만을 의미하지 않는다. 성령의 충만이란, 성령에 사로잡혀서 성령께서 원하시는 대로 성령의 지도를 따라 사는 생활, 즉 날마다 죄를 멀리하고 그리스도의 장성한 분량에 이르도록 거룩하게 사는 것이 그 핵심적인 의미이다. 성령의 세례를 받은 사람도 도덕적인 면에서는 많은 결점을 가지고 있다. 따라서 성령의 세례를 받은 사람도 성령의 충만함을 받아서 더욱 거룩해져야 할 필요가 있다.(고전 3:1-4) 성령에 충만한 사람에게서는 이적적인 현상들이 나타날 수도 있다. 그러나 그 이적적인 현상은 성령 충만의 본질적인 요소가 아니라, 단지 부수적인 요소에 불과하다. 본질적인 요소는 도덕적인 변화, 즉 죄를 멀리하고 더욱 거룩해져 가는 성화(聖化)의 삶이다. 스데반과 바나바의 성령 충만의 경우가 이 사실을 잘 말해준다.

성령의 충만은 특별한 사역이나 봉사를 효과적으로 감당케 하기 위한 목적에서 나타나기도 한다. 예를 들어, 사도 베드로는 성령에 충만했기 때문에, 적개심과 성경 지식으로 가득한 관원과 장로와 서기관들 앞에서 정상적인 상태에서는 기대하기 어려울 정도의 용기와 성경지식으로 담대하게 복음의 진리를 말할 수 있었다.(행 4:8) 사도 바울은 성령에 충만했기 때문에, 지혜가 뛰어난 총독 서기오 바울 앞에서 예언을 하고, 그를 믿게 만들었다.(행 13:9) 엘리

사벳은 성령에 충만했기 때문에, 마리아의 배 안에 있는 예수님을 알아보고 예언을 할 수 있었다.(눅 1:41) 성령에 충만하게 되면, 누구라도 지혜와 용기와 능력 등을 가지고 주님을 섬기는 사역(봉사)에 효과적으로 임할 수가 있다. 그러기 때문에 사도 바울께서는 에베소 교회를 향하여 "성령의 충만함을 받으라"고 명령하셨다.(엡 5:18)

성령의 충만은 모든 성도에게 필요한 것이다. 그러나 모든 성도들이 동일한 수준의 충만함에 도달해 있는 것은 아니다. 또 성령의 충만을 받은 사람의 경우에도, 그 충만함의 정도가 시간이나 장소에 따라 차이가 있을 수 있다. 때로는 성령이 충만했던 사람이 충만함에서 멀어진 나머지, 성령을 소멸하고 성령을 근심케 하는 일이 생길 수 있다. 그러기에 성령의 충만은 단회적이고 지속적이며 보편적인 성령의 세례와는 달리, 반복적이고 일시적이며 개별적인 성질을 가지고 있다.

그러므로 성령의 충만은 여러 면에서 성령의 세례와 구별이 되어야 한다. 죄 씻음의 인침인가 성화 또는 사역의 강화인가, 단회적인가 지속적인가, 보편적인가 개별적인가, 하나님의 주권적인 역사인가 사람의 노력이 수반되어야 하는 역사인가 하는 등에서 서로 뚜렷하게 차이가 있기 때문이다.

4. 성령 충만케 되는 방법

성령의 충만을 명령하셨다는 것은, 성령 충만이 하나님의 주권에 따라 일방적으로만 주어지는 것이 아니라, 우리들 편에서도 힘써야 할 부분이 있음을 의미한다. 성령의 충만은 성령께서 주시는 선물이다. 그러나 우리의 노력 없이 저절로 얻어지는 것이 아니다.

성령의 충만은 성령의 지배를 받는 것이므로 성령을 소멸하거나 (살전 5:19) 근심케 하지 않고(엡 4:30), 성령의 인도하심을 따라 생활하는 것이 중요하다.(고후 12:18, 갈 5:16) 그래서 사도 바울께서는 성령의 충만을 위해, 악한 세월을 따라 살지 않고 지혜롭게 분별하여 세월을 아끼는 것, 주의 뜻을 분별하는 것, 술 취하는 것 같이 어떤 것에 빠져 끌려 다니지 않는 것, 신령한 찬송을 부르는 것, 범사에 감사하는 것, 피차에 복종하는 것 등이 필요하다고 말씀했다.(엡 5:15-21)

뿐만 아니라, 성령의 충만을 위해서는 기도를 빼놓을 수 없다. 오순절에 다락방에 모여 간절히 기도했던 제자들의 경우가 이를 잘 설명해준다.(행 1:14) 성령의 충만을 위해 힘써야 할 기도는 특히 회개의 기도이다. 회개는 하나님과의 관계를 가로막고 있는 죄의 담을 헐어내고 성령께서 우리 안에 들어와 거하시면서 우리를 지배하시도록 하는 것이므로, 무엇보다 먼저 힘써야 할 우선적인 기도이다.

하나님께서는 말세에 남종과 여종을 포함한 만민에게 하나님의 신을 부어주실 것을 예언하셨다.(욜 2:28) 그 예언대로 오늘날 많은 사람들이 성령의 세례를 받아 회심하고 중생하여 주께로 돌아오고 있다. 또 성령의 충만함으로 성령의 다스림을 받아 살면서 그리스도의 모습을 닮아 거룩한 사람이 되고, 주어진 사명과 봉사의 사역을 효과적으로 담당하고 있다. 그러나 성령의 충만은 그 정도에 있어서 발전이 있을 수도 있고 소멸될 가능성도 있다. 그러므로 우리는 더욱 성령에 충만한 삶이 이루어질 수 있도록, 항상 깨어서 주의 뜻을 지혜롭게 분별하여 실천에 옮기는 노력을 기울여야 할 것이요, 아울러 무릎 꿇어 죄를 회개하고 성령의 충만을 간구하는 간절한 기도를 쉬지 않아야 할 것이다.

제10장.
성령훼방 죄란 어떤 죄인가

경건하게 살려고 하는 성도들은 흔히 성령훼방 죄에 대한 문제에 부딪쳐, 내가 정말 성령훼방 죄를 범한 것은 아닐까 해서 심각한 고민을 하는 경우가 있다. 때로는 교회 안에서 생겨난 어떤 일을 두고 그것이 성령훼방 죄에 해당되는지 아닌지에 대하여 서로 격한 논쟁을 하는 것을 보며 안타까워 할 때도 있다. 또 어떤 사람에게 성령훼방 죄를 범한 사람이라는 판정이 주어지면, 그 사람은 자기 스스로나 다른 사람들로부터 참으로 회복하기 어려운 처지에 빠지는 것을 보기도 한다.

성령훼방 죄란 어떤 죄이며, 우리는 성령훼방 죄에 대해 어떠한 태도를 가져야 할 것인가에 대해 살펴보자.

1. 성령훼방 죄의 다른 이름들

성령훼방 죄란 말은 예수님의 말씀에서부터 생겨났다. 안식일에 회당에서 병자들을 고치시는 예수님을 보고, 바리새인들은 예수님께서 귀신의 왕 바알세불을 힘입었기 때문이라고 비난을 했다. 예수님께서는 그들의 생각을 아시고 ".... 그러므로 내가 너희에게 이르노니 사람의 모든 죄와 훼방은 사하심을 얻되 성령을 훼방하는 것은 사하심을 얻지 못하겠고, 또 누구든지 말로 인자를 거역하면 사하심을 얻되 누구든지 말로 성령을 거역하면 이 세상과 오는 세상에도 사하심을 얻지 못하리라"고 하시면서, 성령훼방 죄를 언급하셨다.(마 12:31, 32)
　예수님께서 다른 모든 죄들은 용서받을 수 있으나, 유일하게 용서받을 수 없다고 말씀하셨던 성령훼방 죄를 히브리서의 저자는 '다시는 회개로 새롭게 될 수 없는 죄' 또는 '짐짓 범한 죄' 라고 표현하면서, "한번 비췸을 얻고 하늘의 은사를 맛보고 성령에 참예한 바 되고 하나님의 선한 말씀과 내세의 능력을 맛보고 타락한 자들은 다시 새롭게 하여 회개케 할 수 없나니 이는 자기가 하나님의 아들을 다시 십자가에 못 박아 현저히 욕을 보임이라."(히 6:4-6) "우리가 진리를 아는 지식을 받은 후 짐짓 죄를 범한즉 다시 속죄하는 제사가 없고 오직 무서운 마음으로 심판을 기다리는 것과 대적하는 자를 소멸할 맹렬한 불만 있으리라."(히 10:26,27) 고 교훈하셨다.
　한편, 사도 요한께서는 성령훼방 죄처럼 용서받을 수 없는 죄에 대해 말씀하면서, '사망에 이르는 죄' 그러므로 "용서를 구할 필요가 없는 죄"라는 표현을 사용했다. "누구든지 형제가 사망에 이르지 아니한 죄 범하는 것을 보거든 구하라. 그러면 사망에 이르지 아니하는 범죄자들을 위하여 저에게 생명을 주시리라. 사망에 이르는 죄가 있으니 이에 대하여 나는 구하라 하지 않노라."(요일 5:16)

예수님이나 히브리서의 저자, 그리고 사도 요한의 말씀은 모두 동일한 죄를 말씀한 것으로 보인다. 그러므로 성령훼방 죄나 용서받을 수 없는 죄(不可赦罪), 새롭게 될 수 없는 죄, 짐짓 범한 죄, 사망에 이르는 죄는 동일한 하나의 죄를 각기 다른 시각에서 부르는 이름들이라고 할 수 있다.

2. 성령훼방 죄의 내용

성령훼방 죄와 관련된 말씀들을 종합해 보면, 성령훼방 죄는 다음과 같은 특징을 가진 죄이다.

1) 구원받은 성도의 죄가 아니다

예수 그리스도께서는 죄인들의 죄가 용서함 받을 수 있도록 하기 위해서 십자가에 돌아가셨다.(사 53, 롬 5:18,19) 그리스도께서 용서해 주시려고 했던 죄는 사람들이 범한 모든 죄이었다. 그러므로 예수를 믿는 사람은 어떠한 형태의 죄를 범했는가 하는 것과 상관없이 모든 죄들을 다 용서받는다. 그 결과 성도는 아무도 정죄할 수 없는 의인이 되어(롬 8:34), 죄와 사망의 법에서 영원히 해방을 받는 온전히 거룩한 사람이 된다.(히 10:14) 성경은 예수 믿는 사람을 사망에서 영원한 생명으로 옮겨진 사람이라고 한다.(요 5:24) 영원한 생명이란 결코 취소되는 일이 없음을 뜻한다. 그러므로 한번 구원받은 성도는 결코 사망에 이르지 아니한다. 또 구원받은 성도에게는 천국의 삶이 주어진다.(마 18:3) 그런데 천국은 죄가 없는 곳이다. 따라서 성도는 사망에 이르는 죄, 용서받을 수 없는 죄, 즉 성령훼방 죄를 범하지 않는다.

2) 불신자의 죄가 아니다

성령훼방 죄는 '한번 비췸을 얻고 하늘의 은사를 맛본 사람', '하나님의 선한 말씀과 내세의 능력을 맛본 사람', '진리를 아는 지식을 받은 사람'이 범하는 죄이다. 이런 사람은 전혀 예수를 모르는 불신자가 아니다. 상당한 시간동안 교회생활이나 성경공부를 통해서 무엇이 성령의 생각이고 무엇이 성령의 사역인지를 분별할 만한 능력을 얻은 사람이다. 교회 안에는 알곡들 속에 섞여 있는 가라지 같은 사람들이 있다. 실제로는 구원받은 성도가 아니면서도 마치 성도이기라도 한 것처럼 행세를 하거나 스스로 자신이 성도인 것으로 착각을 하고 있는 사람들이다. 성령훼방 죄는 참 성도나 전혀 불신자들이 범하는 죄가 아니라, 바로 이런 가라지 같은 사람들이 범하는 죄이다.

3) 고의적인 죄이다

사람은 무지나 부주의 때문에 성령을 훼방할 수 있다. 사도 바울께서는 자신이 과거에 '훼방자'이었음을 고백하셨다. 그리고 그것은 자신이 '알지 못했기에 범한' 죄이었다고 하셨다. 그런데 사도 바울께서는 바로 이어 말씀하시기를, 자신은 도리어 긍휼을 입어 그리스도 예수 안에 있는 믿음과 사랑과 함께 넘치도록 풍성한 주의 은혜를 받았다고 하셨다.(딤전 1:13,14) 이것을 보면 사도 바울의 훼방 죄는 용서를 받았음이 분명하다. 그러므로 결코 용서받을 수 없는 죄인 성령훼방 죄는 부지함이나 부주의함 때문에 범한 죄가 아니라, 고의적으로 범하는 죄임이 분명하다.

4) 성령을 대상으로 한 죄이다

예수님께서는 성령훼방 죄를 사람을 대상으로 하는 죄와 분명하게 구분하셨다. 그리고 "사람의 모든 죄와 무릇 훼방하는 훼방은 사하심을 얻되, 누구든지 성령을 훼방하는 자는 사하심을 영원히 얻지 못하고 영원한 죄에 처하느니라"고 하셨다.(막 3:28-29) 훼방이란 해치거나 방해를 하는 말을 의미한다. 그러므로 성령훼방 죄는 성령 하나님이나 그의 사역을 상대로 방해를 하는 말이나 행동을 가리킨다고 보아야 한다.

5) 구체적인 사례를 말하기가 어려운 죄이다

어떤 경우가 성령훼방 죄인지를 구체적으로 밝히는 것은 참으로 어려운 일이다. 우리가 보기에 아무리 크고 중해 보이는 죄라 하더라도 하나님께서는 용서 못하실 죄가 아니다. 하나님은 사람의 죄가 아무리 막중할지라도 동에서 서가 먼 것 같이 기억조차 하지 않으시는 은혜로운 분이시다. 믿음의 선진들이 범했던 맹세로써 예수님을 부인했던 죄, 예수 믿는 사람을 죽이면서까지 복음전파를 방해하고 교회를 핍박했던 죄, 의도적인 간음에 살인을 더했던 죄, 하나님의 명령을 거역하고 사명을 피해 다른 곳으로 도망했던 죄 등 모든 죄가 다 용서를 받았다. 그러므로 우리는 어떤 구체적인 행동을 보고 그것이야말로 성령훼방 죄 임에 틀림이 없다는 속단을 내리는 일이 없도록 조심해야 한다. 우리로서는 그 사람이 장차 베드로, 바울, 다윗, 요나처럼 회개하게 될 것인지를 알지 못하기 때문이다.

6) 끝까지 회개하기를 거부하는 죄이다

죄를 용서해주시는 하나님의 은혜는 믿음과 회개를 통해서 임하여진다.(행 3:19) 회개는 하나님의 보좌를 움직여서 어떠한 죄라도 용서받을 수 있게 한다. 그러나 끝까지 회개하기를 거부하면, 하나님의 의로우신 판단이 나타나는 그 날에 하나님의 무서운 진노를 피할 수 없게 된다.(롬 2:5) 그러므로 성령훼방 죄, 즉 용서받을 수 없는 죄는 끝까지 회개하기를 거부하는 죄라고 할 수 있다.

3. 성령훼방 죄에 대한 태도

성도는 성령훼방 죄가 다시는 용서받을 수 없는 죄임을 알고, 성령훼방 죄에 대해 신중한 자세를 가져야 한다. 불신자나 경건하게 살아보려는 의욕이 없는 사람에게는 성령훼방 죄에 대한 의식이나 두려움이 없다. 경건하게 살려고 하는 의인일수록 죄의식이 강하고, 성령훼방 죄에 대한 두려움도 심하다. 그러나 성도는 모든 죄를 용서받았기에 다시는 정죄 받을 일이 없는 의인이다. 따라서 성도는 성령훼방 죄의 두려움에 지나치게 눌려 있을 필요가 없다. 그리스도 안에서 성령훼방 죄에 대한 자유를 가져야 한다. 그래서 성령훼방 죄에 대한 두려움으로 구원에 대한 확신을 떨어뜨리고 좌절 속에서 영생의 길로부터 멀어지게 하려는 마귀의 경건을 가장한 간교한 속임수에 넘어가는 일이 없도록 해야 한다.

　한편, 성령훼방 죄는 소위 믿는다고 하는 사람들 중에서 나타나는 죄임을 기억하고, 성도는 자신이 참으로 구원받은 성도인지 아니면 성도라는 이름만 가진 사람인지를 살피는 일이 필요하다. 성도는 항상 "두렵고 떨림으로 너희 구원을 이루라"고 하신(빌 2:12) 사도 바울의 말씀을 잊지 말아야 한다. 그리고 만일 성령훼방 죄로 여겨질 만한 일이 생각나면, 미루지 말고 즉시로 회개하여 바른 길로 돌아설 수 있도록 해야 한다. 그래서 회개할 기회를 얻지 못했던 에서가 영원히 축복의 기업을 놓치고 말았던 잘못을 되풀이 하지 않도록 해야 한다.(히 12:17)

　성령훼방 죄는 용서받을 수 없는 죄, 사망에 이르는 죄, 짐짓 범하는 죄 등으로도 불리는 참으로 무서운 죄이다. 그러나 이 죄는 구원받은 성도의 죄가 아니다. 성도인 것처럼 보이는 사람들이 성령의 역사인 것을 알면서도 고의적으로 범하는 죄이다. 또 그 구체적인 사례를 말하기가 매우 어려운 죄이다. 그러므로 우리는 함부로 어떤 행위에 성령훼방 죄라는 판단을 내리지 않도록 해야 할 뿐만 아니라, 신중한 자세로 자기 자신을 살피는 기회를 삼아야 한다. 그리고 만일 자신의 죄가 깨달아질 때에는 지나친 두려움에 짓눌리지 말고, 기꺼운 마음으로 회개하여 의인이 누리는 평안을 가져야 한다.

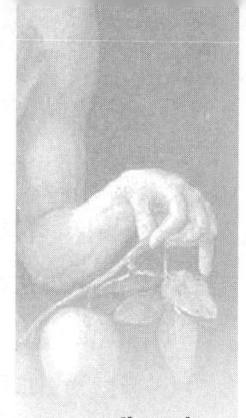

제11장.
참된 영성이란 무엇인가

요즘 우리 주변에서는 영성이라는 말이 매우 흔하게 사용되고 있다. 영성이란 말을 즐겨 하는 사람들을 보면, 신령하게 보이기도 한다. 그런데 그 사람들이 말하는 내용을 자세하게 들어보면, 일반적인 상식으로는 선뜻 인정하기 어려운 것들이 많아서 놀라움과 배신감을 가지고 오히려 실망감만 커져가는 것을 경험하기도 한다.

이제 영성이란 어떤 의미를 가지고 있으며, 참된 영성이란 무엇인지에 대해 살펴보자.

1. 영성의 의미

성경에는 우리가 지금 말하려는 의미의 영성(靈性, spirituality)이라는 단어가 한 번도 나오지 않는다. 영성이라는 한글 단어가 역대기상 16:19과 시편 105:12에 두 번 나오는데, 이 때의 영성(零星, a few men in number)이라는 말은 '수효가 적어서 보잘 것 없는 모양'을 의미하는 것이므로 그 의미가 전혀 다르다.

영성이라는 용어는 성경에 없는 단어이기 때문에, 사용하는 사람에 따라서 매우 다양한 의미로 이용되고 있다. 전통적으로 천주교에서는 성인숭배, 성인의 유물들에 대한 찬미나 성체 참배, 또는 대중 축제에서 사제가 가지는 주도적인 기능, 즉 화해적 중보기도의 기능을 의미해 왔다. 그러나 수도사나 이상주의자들은 주로 부정적인 의미에서 영성이라는 말을 사용했다. 수도사들은 영성이라는 말을 금욕주의와 동일한 의미로 사용을 했고, 이상주의자들은 명상 추구를 향한 삶의 헌신이나 종교적 이유에서 나온 극도의 자기 부정이나 고행이라는 의미로 사용을 했다.

한편, 청교도들이나 복음주의자들은 이와는 대조적으로, 긍정적이면서도 매우 폭이 넓은 의미에서 영성이라는 말을 사용했다. 청교도들은 실천적인 하나님의 힘을 가리켜 영성이라고 불렀고, 복음주의자들은 하나님과 형제를 사랑하는 것과 같은 의미로 영성이라는 말을 사용했기 때문이다. 그런데 근래에 이르러서는 일부 신비주의자들에 의해서, 영적 은사들을 사모하거나 소유 또는 행사하는 것을 가리켜 영성이라고 말하는 일도 많이 생겨나고 있다.

그러므로 영성이라는 말은 사용하는 사람에 따라 그 의미가 다양하게 사용되고 있기에, 일반적인 정의를 내리기가 쉽지 않다. 그러나 영성이라는 말을 사제나 수도사 같은 특정한 사람이나, 명상추구 또는 은사 체험 같은 특별한 행동으로만 제한하는 것은 옳지 않다고 본다. 왜냐하면 영성은 모든 사람에게 적용되어야 하고, 모든 행동에 관련이 되어야 하기 때문이다. 그러므로 영성은 '영혼 속에 흘러넘치는 하나님의 생명'을 의미하는 말 정도로 이해하는 것이 가장 무난할 것이다.

2. 영성의 요소

영성을 어떠한 의미로 사용하던지 간에, 영성에는 반드시 다음과 같은 요소들이 필수적으로 들어있어야 한다.

1) 하나님 중심

하나님으로 말미암지 않거나 하나님과 함께하지 않는 영성은 참된 영성일 수 없다. 영성을 사람이 애써서 이루어가는 금욕이나 은사 생활로만 보는 것은 옳지 않다. 이런 것은 영성이라기보다 지극히 인간 중심의 삶이요, 이기적인 삶이되기 쉽다. 기독교 밖에도 금욕적인 삶은 얼마든지 있다. 그러나 우리는 불교나 힌두교의 수련자들을 영성 있는 사람이라고 말하지 않는다. 참되신 하나님을 향한 금욕이 아니기 때문이다. 악령들도 희한한 영적 현상들을 생겨나게 한다. 악령도 지팡이로 뱀을 만들고(출 7:12), 돼지 떼를 몰아가고(막 5:13), 예언을 하게 한다.(렘 27:14) 그러나 우리는 악령의 역사에 대하여 영성이 충만하다고 하지 않는다. 악령의 역사는 성령의 역사와는 달리, 악한 결과만을 이끌어내기 때문이다.

영성에 가장 중요한 것은 삶의 모든 부분에 하나님이 함께 하심을 믿고 언제 어디에서든지 그 하나님의 다스림을 따라서 살겠다는 의지를 가지는 것, 즉 하나님 중심의 삶을 사는 것이다. 하나님께서는 졸거나 주무시는 일이 없다.(시 121:4) 우주 안에는 하나님이 안 계시는 곳이 없다.(시 139:8) 그러므로 우리는 언제 어디에서든 임마누엘 하나님 앞에 있다. 어리석은 인간은 하나님의 낯을 피하려 하고, 하나님이 없는 것처럼 행동하기를 잘한다. 그러나 지금 이곳에 하나님이 함께 하고 계신다고 믿는 사람들은 아무렇게 생각하고 행동할 수 없다. 그들은 하나님께서 바라시는 것을 생각하고 행동하려는 마음을 갖게 마련이다. 이런 사람들은 방언을 한다 하면서도, 그 입으로 남을 헐뜯거나 저주하는 말을 하는 사람과 다르다. 신비한 환상을 보았다 하면서도 세상 유희를 끊어버리지 못하고 지내는 사람과는 다르다. 예배나 기도 시간만이 아니라, 일을 하든지, 여행을 하든지, 사람을 만나든지, 놀이를 하든지, 잠을 자든지를 불문하고 하나님 앞에서(Coram Deo, Before God)의 자세, 이것이 바로 참된 영성의 삶이다.

2) 성경 중심

하나님 중심의 삶은 반드시 성경 중심의 삶으로 연결이 되게 마련이다. 성경에는 우리를 향한 하나님의 뜻이 밝히 드러나기 때문이다. 사람은 성경을 통해 하나님의 생각을 알게 되고, 하나님의 역사와 악령의 역사를 분별하게 된다. 만일 성경을 따르지 않고 우리의 생각으로 하나님의 뜻을 판단하게 되면, 잘못된 판단을 하게 되거나 우리 자신으로 하나님을 대신하게 하는 큰 잘못을 범하게 된다. 이것은 참된 영성과는 반대되는 것이다. 따라서 영혼 속에 흘러넘치는 하나님의 생명이라 할 수 있는 영성은 성경을 통해서라야만 참되게 주어지고 또 유지될 수가 있다.

성경에서 멀어져 있거나 성경에서 빗나가 있는 것은 제아무리 오묘한 신비라고 해도 참된 영성이 될 수 없다. 천사의 말이나 삼층 천의 비밀도 하나님의 비밀의 책인 성경과 어울리지 아니하면, 아무 유익이 없는 꽹과리 소리나 허탄한 신화에 불과하다. 따라서 그런 것들은 우리의 영성에 아무런 도움이 되지 못한다. 그러나 성경의 말씀은 어린 아이의 입을 통해 들려지거나 무식한 사람에 의해 외쳐진다 하더라도, 참된 영성에 생기를 불러일으킨다.

기독교 역사상에서 기억되는 유명한 성자들이나 영성 깊은 사람들은 모두다 성경을 가까이 했던 사람들이었다. 그들은 성경의 모든 말씀들을 한자라도 놓치지 않고 그대로 지켜보려고 했던 사람들이었다. 그러나 당대에는 대단한 영성을 소유한 사람처럼 인정받고 세계적으로 영웅처럼 추대되던 사람이라도 차후, 성경에서 멀어진 사람들은 모두다 그들의 영성이 거짓 영성이었음이 드러났다. 그러므로 성경을 떠난 영성은 상상조차도 하지 말아야 한다.

3) 교회 중심

영성은 교회 생활을 통해 표현이 되고, 성숙되어진다. 왜냐하면 교회는 머리되신 그리스도의 몸이요(엡 1:23), 성령께서 거하시는 전이기 때문이다.(엡 2:22) 사람의 영성 수준은 그 사람의 교회생활과 비례한다고 할 수 있다. 영성이 높은 사람은 영성의 주된 관심인 하나님을 사랑하게 되고, 하나님을 사랑하는 사람은 그의 몸인 교회를 사랑하게 되고, 교회를 사랑하는 사람은 교회의 예배와 봉사에 열심을 다

하기 때문이다.

가끔 교회 중심의 생활을 하지 않고, 영적 갈급함을 해결하기 위해서 기도원이나 특별집회를 찾아 헤매는 사람들을 본다. 그 사람의 처지나 그 교회의 상황에 문제가 있어, 일시적으로 그런 일이 있을 수 있다고 이해할 수 있다. 그러나 그것은 영성의 중심 요소가 되는 교회 생활에 유익을 주기 위한 수단에 머물러야 한다. 교회를 등한시 하며, 그런 것만 따르는 사람은 참된 영성을 가지기가 매우 어렵다. 오히려 있던 영성마저도 잃어버리거나, 변질시킬 위험이 더 크다.

우리는 신령한 것을 사모하라(고전 14:1, 벧전 2:2)고 강조하셨던 사도들께서, 가시는 곳마다 먼저 교회를 세우시고, 그 교회에 모이기를 힘쓰면서(히 10:25) 성도들이 피차에 영적 유익을 도모하라고 하셨던(살전 5:11) 사실을 명심해야 한다.

4) 사모함

우리의 마음이 하나님의 생명으로 가득하기 위해서는 일상적으로 하나님의 말씀을 듣고 읽거나 교회생활을 하는 것 이외에, 신령한 삶에 대한 간절한 사모함을 가져야 한다. 사람이 마음으로 가지는 간절한 소망은 기도의 형태로 표현이 된다. 그러므로 기도는 영성을 높이는 일에 필수적인 요소가 된다. 오순절 날의 성도들은 한 곳에 모이기만 했던 것이 아니다. 그들은 서로 마음을 같이 하여 주님의 약속이 이루어지기를 기도했다.(행 1:14) 그 기도는 '전혀 힘쓰는' 기도이다. 전혀 힘쓰는 기도란 간절히 사모하는 마음으로 열심을 다하여 기도하는 것을 의미하는 말이다. 하나님께서는 먹을 것을 구하는 자식에게 좋은 음식을 주려고 하는 부모들보다도 항상 더 좋은 것으로 주시려 하

는 분이시다. 그래서 구하는 자에게는 그들에게 가장 필요한 영성이 충만하게 해주신다.(눅 1:13)

영성이 충만한 생활, 즉 우리 안에 항상 성령께서 함께 계시는 생활을 위해서는 성령을 근심하는 일이 없도록 해야 한다. 그러기에 영성이 충만한 성도가 되기 위해서는 늘 깨어 근신하며, 쉬지 않고 기도해야 한다.

3. 영성과 신비주의

영성과 신비는 구별이 되어야 한다. 영성은 모든 성도들에게 다 있어야 한다. 그러나 그 수준에 있어서는 서로 차이가 있을 수 있다. 그러나 신비는 모든 사람들에게 똑같이 주어지는 것이 아니다. 그렇다면 그것은 이미 신비가 아니라 일상이다. 신비적 체험을 많이 가졌다거나 영적 은사를 많이 체험한 것을 마치 영성이 충만한 것과 동일하게 여겨서는 안 된다. 영성이 충만해도, 특별한 신비체험을 못가질 수 있다. 신비체험을 한 사람도 참된 영성과는 거리가 먼 사람도 있다.

영성의 자리는 사람 밖에 있는 것이 아니라, 사람 안에 있다. 그리고 영성은 결과적 현상만이 아니라, 동기와 과정, 그리고 결과와 모두 연관을 가지고 있다. 따라서 영성과 신비를 혼동하는 일은 없어야 한다.

영성이란 말은 사용하는 사람에 따라 그 의미가 다르기 때문에, 정의하기가 쉽지 않다. 그러나 영성의 핵심적인 요소들을 볼 때, 영성은 영혼 속에 흘러넘치는 하나님의 생명이라고 할 수 있다. 영성의 핵심인 하나님 중심, 성경 중심, 교회 중심, 사모함은 성도의 삶 바로 그 자체이기 때문이다. 영성은 영적인 것이기에 신비가 있을 수 있다. 그러나 영성을 신비와 혼동하는 것은 신비주의자들의 잘못된 함정에 빠지는 것이므로 조심해야 한다.

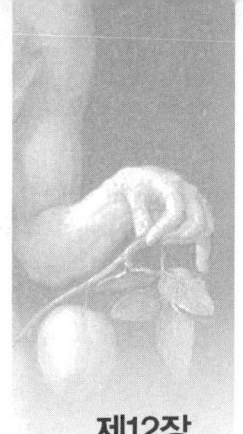

제12장.
성경은 어떻게 해석되어야 하는가

우리는 성경을 읽을 때, 그 정확한 의미가 무엇인지를 알기 어려울 때를 많이 경험한다. 또 어떤 경우에는 여러 가지 의미로 해석되어질 수도 있을 때에는 어떻게 해석할 것인가 분간하기 어려울 때도 종종 경험한다. 그런가 하면 모든 성경을 지나치게 상징이나 영적인 비유로 해석하는 사람을 보면서 의아스러움을 갖기도 하고, "경의 모든 예언은 사사로이 풀 것이 아니라"(벧후 1:20)고 하신 사도 베드로의 경고 말씀을 대하면서 긴장된 마음을 갖기도 한다.

이제 성경은 해석되어야 할 필요가 있는지, 만일 그렇다면 성경은 어떻게 해석되어야 하는지에 대해 살펴보기로 하자.

1. 성경 해석의 필요성

성경은 모국어로 성경을 듣고 읽을 수 있는 사람이라면, 그 안에서 다른 사람의 도움을 받지 않고서도 구원의 진리를 발견해내기에 충분한 책이다. 그러나 성경은 반드시 해석되어야 할 필요가 있다. 그 이유는 다음 몇 가지 사실들을 통해 설명되어질 수 있다.

1) 성경 자체가 성경이 해석되어져야 할 필요가 있음을 여러 곳에서 교훈하고 있다.

사도들께서는 성경의 의미가 바르게 해석되어야 할 것을 여러 차례 교훈하셨다. 사도 바울께서 디모데에게, "진리의 말씀을 옳게 분변" 할 것, 즉 성경의 의미를 잘 해석할 것을 교훈하신 것과(딤후 2:15) 사도 베드로께서 "그 모든 편지에도 이런 일에 관하여 말하였으되 그 중에 알기 어려운 것이 더러 있으니 무식한 자들과 굳세지 못한 자들이 다른 성경과 같이 그것도 억지로 풀다가 스스로 멸망에 이르느니라"(벧후 3:16)고 하시면서 성경에는 알기 어려운 것들이 있으므로 잘못된 해석을 하는 일이 없도록 주의해야 할 것을 당부하신 것이 그 좋은 예이다.

우리 주님께서는 사도들의 교훈이 있기에 앞서, 친히 성경(모세와 모든 선지자의 글)을 해석하여 가르치심으로써, 성경은 해석되어야 할 필요가 있음을 우리에게 몸소 본으로 보여주셨다. "그리스도가 이런 고난을 받고 자기의 영광에 들어가야 할 것이 아니냐 하시고 이에 모세와 및 모든 선지자의 글로 시작하여 모든 성경에 쓴바 자기에 관한 것을 자세히 설명하시니라"(눅 24:26, 27)고 한 말씀이 이를 증거해준다. 빌립 집사도 예수님께서 하셨던 것처럼 "지도하는 사람이 없으니 어찌 깨달을 수 있느뇨"(행 8:31)라고 말하던 에디오피아 내시에게 이사야서의 말씀을 해석하여 예수를 가르친 일이 있었다.(행 8:35)

2) 사람이기에 가질 수밖에 없는 여러 가지 한계점이나 차이점들이 성경의 해석을 필요하게 만든다.

우리가 살고 있는 현대는, 성경이 기록되던 당시의 역사, 문화, 세계관 등에서 너무나도 큰 차이가 있다. 따라서 우리는 성경을 읽으면서도 시대나 문화적인 배경, 그리고 세계를 보는 눈(세계관 또는 철학)이 달라서 다른 시대에 기록된 성경말씀의 정확한 의미를 이해하기가 매우 어려울 때가 있다. 예를 들어, 신부되는 성도들이 졸지 않고 깨어서 등불의 기름을 준비하고 다시 오실 신랑 예수님의 재림을 준비해야 한다는 의미를 정확히 알려면, 예수님 당시 유대인들의 결혼식 문화를 알아야 한다. 이것은 우리나라 사람이 미혼인 사람에게 '언제 국수를 먹여 줄 것인가' 하고 묻는 말을 할 때, 역사나 문화가 다른 외국 사람들은 그 말의 단어는 혹 이해를 한다고 해도 그 말 속에 담긴 정확한 의미를 제대로 알지 못하는 경우가 같은 것이다.

우리는 성경의 언어나 그 언어를 사용하는 표현방법에서도, 쉽게 이해되지 않는 많은 차이점들을 발견한다. 같은 말의 반복이나(예: 진실로진실로), 비슷한 말의 반복(예: 마음과 뜻과 정성을 다하여), 대구적(對句的) 표현(예: 지혜로운 아들은 아비를 즐겁게 하여도 미련한 자는 어미를 업신여기느니라) 등 여러 가지 언어적 유희들을 적절한 해석 없이 그 정확한 의미를 알기가 매우 어렵다.

3) 성경에는 그 뜻이 서로 상충되는 듯해 보이는 구절들이 있으므로 성경 전체의 조화로운 이해를 위한 해석이 필요하다.

창세기 1장과 2장의 창조 내용과 순서상의 차이, 예수님께서 '천국(하늘나라)' 교훈을 하셨다는 마태복음과 '하나님 나라'를 가르치셨다는 누가복음 기록의 차이, 예수님께서 "내가 만일 나를 위하여 증거하면 내 증거는 참되지 아니하며"(요 5:31)라고 말씀하셨다고 하면서도 "내가 나를 위하여 증거하여도 내 증거가 참되니"(요 8:14)라고 하셨다는 요한복음 내용의 차이, 사도행전에서 세 차례 반복되고 있는 사도 바울의 회심 사건에서 발견되는 차이(행 9:3-18, 22:6-16, 26:12-18), '믿음으로 말미암아 의롭게 된다'(갈 3:24)는 말씀과 '믿음으로만 아니라 행함으로 의롭게 된다'(약 2:24)는 말씀의 차이 등이 그 좋은 예이다. 이러한 구절들은 얼핏 보아 서로 상충되는 듯해 보이기 때문에, 그 문맥이나 배경을 고려하여 성경 전체와 조화 되도록 해석되어야 할 필요가 있다.

그렇다면 성경은 어떤 방법과 기준에 의해서 해석되어야 할 것인지에 대해 살펴보자.

2. 성경 해석의 원리들

성경은 사도 베드로께서 경고하신 것처럼, 자기 좋을 대로 아무렇게나(사사로이) 해석을 해서는 안 된다. 그러므로 성경을 해석할 때는 모든 사람들이 납득할 수 있는 결론에 이를 수 있도록 하기 위해서, 다음과 같은 원리들이 사용되어진다.

1) 문법적 해석

글은 사람의 생각을 드러내 표현한 것이다. 그러므로 성경을 해석할 때는 저자가 성경을 처음 기록할 때 단어와 구절을 어떤 의미로 사용했는지를 주의 깊게 살펴야 한다. 저자가 선택한 단어나 그 단어의 배열순서, 문법, 문맥, 또 저자가 말하고자 하는 주제나 목적 등을 찾아내는 것은 성경 해석에 있어 무엇보다도 우선해야 할 일이다. 이것을 위해서는 저자의 성격, 경험, 교육수준 등을 아는 것이나 단어의 어원적 의미를 찾아내는 것도 중요한 과정이 된다. 이 과정에서 우리는 한 본문을 해석할 때 오직 한 가지의 의미만을 가진다는 사실에 유의하고, 한 본문에서 여러 가지 뜻을 찾아내려고 하지 말아야 한다.

2) 역사적 해석

대부분의 성경은 일정한 역사적 환경 속에 살던 저자가 성령의 감동을 받아, 역시 일정한 역사적 환경 속에 살고 있던 사람들을 상대로 기록한 것이다. 그러므로 성경은 저자나 그것을 받는 수신자(受信者)가 살고 있던 시대의 역사적 상황을 이해하고, 그 상황에 맞추어 해석되어야 한다. 구약 예언서들의 정확한 의미를 알기 위해서는 예언서들이 기록되던 당시 이스라엘 백성들의 형편을 고려해야 하고, 복음서나 신약 서신서들의 정확한 의미를 알기 위해서는 유대인들의 역사나 전통 또는 초대교회 각 지역의 형편들을 고려해야 그 말씀들의 정확한 의미를 알게 된다.

3) 신학적 해석

모든 성경은 하나님께서 주신 계시를 성령의 감동을 받아서 기록한 것이다.(딤후 3:16) 그러나 하나님의 계시는 한꺼번에 주어진 것이 아니라, 시간이 흐름에 따라 그 뜻이 점점 더 확실해지도록 점진적으로 주어졌다. 그러기에 모든 성경은 계시의 점진적 수준에 따른 짝을 가지고 있다.(사 34:16) 이 때문에 성경 66권은 각기 다양한 특징을 가지고 있음에도 불구하고 별개의 여러 책이 아니라, 모두가 하나의 책이라 할 수 있다. 따라서 성경의 모든 부분들은 성경의 다른 부분들과 조화가 되도록 해석되어야 한다. 한 구절 한 단어를 해석할 때도 성경 전체의 배경을 가지고 해석을 해야 한다. 예를 들어, 여인의 후손, 아브라함의 씨, 다윗의 혈통 등에 관한 말씀들은 성경 전체의 신학적 배경 속에서 해석이 되어야 그 의미가 정확하게 이해되어질 수 있다.

4) 문학적 해석

성경에는 앞에서 말한 언어적 유희 이외에도 과장법, 반어법, 의인법, 직유법, 은유법, 완곡어법 등 매우 다양한 문학적 기교들이 사용되었다. 따라서 성경은 각각 그 문학적 기교를 고려하여 그에 적절한 해석을 해야 한다. 또 성경에는 영적인 진리를 실제적이나 비실제적인 경험들을 들어 설명하는 비유들이 많이 등장한다. 예수님께서는 이 비유적 표현을 즐겨 사용하셨다. 비유를 해석할 때는 반드시 그 문맥이 가르치는 기본적인 요소를 찾아내서, 전체 의도나 목적에 합당한 한 가지의 교훈만을 찾아내는 해석을 해야 한다.

5) 상징적 해석

성경에는 예표나 상징이 자주 등장한다. 역사적인 실제 인물, 사실, 사건, 제도, 행위 등으로 미래에 있을 것을 미리 보여주는 것을 예표라고 한다. 그리고 미래에 있을 것과는 관계없이 저자가 물건, 숫자, 형태, 행위, 환상, 색깔 등을 통해서 자기가 의도한 뜻을 나타내려 하는 것을 상징이라고 한다. 예표나 상징의 해석은 성경 저자의 의도와는 달리, 해석을 하는 사람이 자기 자신의 의도에 따라서 해석할 위험이 많다. 그러므로 상징적 해석을 할 때는 매우 신중한 자세가 필요하다. 그렇지 않으면 성경 저자의 본 의도와는 달리, 편의에 따라 자의적으로 아전인수격(我田引水格)인 해석을 하기 쉽다.

성경은 해석을 필요로 하는 책이다. 그러나 성경을 사사로이 풀다가 그 뜻을 오해하는 일이 있어서는 안 된다. 모든 성경을 한 가지 방식으로만 해석하여, 지나친 상징이나 영적인 해석을 늘어놓는 것은 매우 위험한 일이다. 성경은 성령의 감동으로 기록된 책이다. 그러므로 성경을 해석하려 할 때는, 먼저 성경의 원저자이신 성령의 감동을 구해야 한다. 그리고 자신의 해석을 시도하기 전에, 성경이 어떻게 말씀하고 있는지를 살펴서 성경이 성경을 해석하도록 해야 한다. 이 과정에서 문법적, 역사적, 신학적, 문학적, 상징적 해석의 원리들이 적극 활용되도록 해야 한다. 우리에게는 성경의 정확한 의미를 찾아내서, 그것으로 신앙의 표준을 삼고 영혼의 풍성한 양식을 삼아야 할 책임이 있기 때문이다.

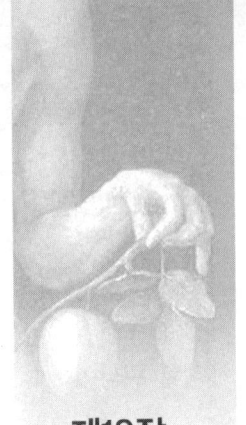

제13장.
이단은 어떻게 구별 하는가

교회의 역사를 보면, 이단들이 없었던 때가 없었다. 그러나 현재 우리는 너무나도 많은 이단들, 그리고 그들의 교묘하고도 맹렬한 활동으로 말미암아 어느 때보다도 강한 도전을 받고 있다. 이 때문에 우리들 중에는 이단의 그럴듯한 말에 귀를 기울이다가, 믿음에 대한 확신을 갖지 못하고 방황하는 사람들을 적지 않게 보기도 한다. 예수님께서는 이런 일이 있을 것을 미리 내다보셨다. 그래서 자신과 사도들의 말씀을 통해 말세에 미혹하는 자들이 일어날 것을 예언하심으로써(마 24:4-14, 벧후 3:3), 처음부터 이단에 대해 경각심을 갖도록 경고하셨다.

이제 이단의 개념과 분별 기준, 그리고 이단에 대하여 가져야 할 태도에 대해서 살펴보자.

1. 이단의 개념

　이단이란 본래 어떤 것을 선택하거나 선별하는 것을 뜻하는 말이었다. 그러던 것이 차츰 선택 행위로 말미암은 결과물인 철학적, 정치적 원칙 또는 그런 원칙을 가진 사람을 가리켜서 이단이라고 말했다. 따라서 이단이라는 말은 본래 좋은 경우나 나쁜 경우를 막론하고 학파나 분파나 당파를 가리키는 말로 널리 사용 되었다. 그래서 행 24:5에서는, 기독교의 순전한 복음을 전하는 사도 바울을 가리켜서 "나사렛 이단의 괴수"라고 표현하기도 했다.
　사도 바울께서는 고전 11:19에서 이단이라는 말을 긍정적인 의미로 사용한 것 같다. 그러나 갈 5:20에서는 하나의 단순한 분파가 아닌, 조화와 화목을 깨뜨리고 교리와 조직에 분열을 초래하는 부정적인 의미로 사용했다. 즉 분쟁, 시기, 분냄, 당 짓는 것과 같이 교회 안에 있어서는 안 될 악한 것을 가리키는 의미로 사용했다. 사도 베드로께서도 벧후 2:1에서, 이단을 부정적 의미로 사용했다. 그래서 교회는 교리에서나 조직에서 통일된 형태를 갖추기 시작한 초대교회 때 이후부터는, 이단이라는 말을 부정적 의미로만 사용했다. 그러므로 이단이란, "기독교의 근본적인 신앙에서 어긋나는 악마적인 자기주장"을 의미하는 말이 되었다. 지금도 교회 안에서는 이러한 전통에 따라서, 이단을 부정적인 의미로 사용한다.
　이단이라는 말이 갖는 부정적 의미는 사이비 종교라는 말에서도 비슷하게 느낄 수 있다. 그러나 사이비 종교는 "종교로서의 기본요건을 갖추지 못하였거나, 겉으로는 종교단체를 위장하고 안으로는 비종교적 목적을 추구하는 집단", 즉 거짓이나 가짜를 가리키는 말이다. 따라서 이단과 사이비 종교는 구별이 될 필요가 있다. 기독교 대사전은 사이비 종교가 다음과 같은 공통적인 특징을 가지고 있는 것으로 설명하고 있다. 1) 이중적인 교리를 가지고 있다. 즉 겉으로는 그럴듯한 교리를 내세우지만, 안으로는 다른 교리를 가지고 있다. 2) 교주를 신격화 한다. 3) 시한부 심판을 주장한다. 4) 반사회적이고 반윤리적이다. 5) 기성종교에 대한 증오심을 가지고 있다. 6) 여러 교리들을 무분별하게 혼합한 교리를 가지고 있다. 7) 숙명론에 빠지거나, 요행수를 기대하도록 조장한다.

2. 이단의 분별 기준

이단을 손쉽고 정확하게 분별하기란 매우 어려운 일이다. 이단(異端)은 한문이 뜻하는 것처럼, 대부분은 정통 기독교와 다름이 없고, 단지 끝부분(일부분)만이 조금 다르기 때문이다. 하지만 다음 기준들을 적용해보면, 이단들은 비교적 손쉽게 분별해 볼 수 있다.

1) 성경에다 무엇인가를 더하거나 빼는 일이 있다.

모든 교리나 신앙의 기준들은 오직 성경에서부터 나와야 한다. 아무리 좋은 사람의 생각이나 오래 전부터 전해 내려오는 좋은 전통이라도 성경을 대신할 수는 없다. 우리는 성경이 말하는 대로 말을 하고, 성경이 침묵하는 대로 침묵을 해야 한다. 성경이 가는 곳까지 함께 가고, 성경이 멈추는 곳에서 함께 멈추어야 한다.

우리 주변에는 외경, 유다복음, 내가 본 천국 등에 참고해 볼 만한 내용이 있다고 하여, 그런 책들을 성경처럼 여기는 사람들이 있다. 이런 자들은 성경에다 무엇을 더하는 자들이다. 이들 중에는 이해하기 힘들고 틀린 것 같이 생각된다고 해서, 신약이나 복음서만을 받아들이는 사람들도 있다. 즉 성경의 일부를 빼버리는 행위이다. 그들은 모두 성경에 기록된 대로 재앙을 받을 자들이요, 거룩한 성에 참여하지 못할 자들이다.(계 22:18,19) 그러므로 만일 성경에다 무엇을 더하거나 빼는 자가 있다면, 우리는 그를 이단이라고 분별해야 한다.

2) 성경의 모든 부분을 균형에 맞도록 강조하지 않는다.

성경에는 책망과 경고의 말씀이 있는가 하면, 위로와 격려의 말씀도 있다. 율법을 기록한 책이 있는가 하면, 역사를 기록한 책도 있다. 예언의 책도 있고, 문학적인 책도 있다. 예수님의 행적에 관한 책이 있고, 사도들의 편지들도 있다. 이해가 잘 되는 책이 있고, 이해하기 매우 어려운 책도 있다. 성경은 이처럼 모든 내용을 다 포함하고 있기에, 어떤 경우의 사람들에게나 유익을 주는 책이다. 그럼에도 불구하고 어떤 사람들은 성경에서 자기에게 필요한 부분만을 뽑아 거기에만 전적으로 매달리고, 다른 부분은 거의 무시하거나 침묵해 버리는 경우가 있다.

신구약의 모든 성경은 다 하나님의 감동으로 기록되어진 하나님의 말씀이다.(딤후 3:16) 따라서 모든 성경은 다 우리를 교훈과 책망과 바르게 함과 의로 교육을 하여, 하나님의 사람으로 온전케 하고 또 모든 선한 일을 하기에 온전케 하는 유익한 책이다.(딤후 3:16,17) 그러므로 모든 성경은 균형에 맞도록 고루 강조되어야 한다. 만일 어느 한두 부분에만 매달리며 강조하는 경향이 있다면, 우리는 그를 이단이라고 분별해야 한다.

3) 사도신경의 내용을 가감하거나, 왜곡하여 믿는다.

　오늘날의 교회들은 여러 권의 책으로 펴내야할 만큼 많은 내용의 교리들을 믿고 가르친다. 그러나 그 많은 내용들의 가장 기초가 되는 것은 사도신경에서 고백되는 내용이다. 그래서 모든 교회들은 공 예배에서의 사도신경을 고백하는 순서를 넣는 여부와는 관계없이, 그 내용에 대해서는 가감 없이 그대로 믿고 있다.

　사도신경은 성경에 기록된 내용들 중에서, 성부 성자 성령, 즉 삼위 하나님에 관한 고백, 천지의 창조에 관한 고백, 그리스도의 동정녀 탄생과 부활 승천 재림 심판에 관한 고백, 사람의 부활과 영생에 관한 고백 등, 기독교 신앙에서 가장 기본이 되는 내용들만을 언급하고 있다. 성도들은 이 내용들을 분명한 역사적 사실로 받아들여 왔다. 이 중에 어느 한 가지라도 부정하거나 왜곡하면, 기독교 신앙 전체를 부정하는 것과 다름이 없다. 그리고 이 모든 내용들은 서로 밀접하게 연관되어 있다. 그러므로 사도신경의 내용에 가감을 하거나, 문자 그대로 믿지 않고 왜곡하는 사람이 있다면, 우리는 그를 이단이라고 분별해야 한다.

4) 사람을 성경만큼 높이는 일이 있다.

　사람은 모든 영광을 오직 하나님께만 돌려야 한다. 하나님께서 받으셔야 할 영광을 사람이 가로채는 일은, 우상을 숭배하는 죄처럼 하나님의 진노하심을 초래하게 만든다. 그래서 하나님의 영광을 가로챘던

헤롯왕은 하나님께서 보내신 사자로 말미암아 충이 먹어 죽고 말았다.(행 12:23)

이단은 흔히 특별한 능력을 가진 사람이나 교주 또는 지도자를 지나치게 높이고 따른다. 사람은 아무리 능력이 많아도 하나님이 아니라, 하나님께서 주신 능력을 받아 하나님을 위해 일하는 존재에 불과하다. 또 성경을 아무리 심오하게 풀어 가르치는 사람이라도, 성경만큼 높임을 받을 만한 권위를 가지고 있지는 못하다. 여전히 허물과 오류가 있는 사람이요, 따라서 그도 역시 성경의 가르침에 복종해야 할 사람이다. 그러므로 우리는 하나님만을 바라보고, 성경의 가르침에 따른 신앙생활을 해야 한다. 특정한 사람을 지나치게 높이고, 그 사람의 옷깃이라도 만지려 하고, 손 씻은 물이라도 마시려 해서는 안 된다. 특정한 사람이 있을 때는 교회에 출석하고, 그 사람이 없으면 허전함을 느낀 나머지 교회 갈 마음도 없어지는 일이 있어서는 안 된다. 만일 사람을 성경이나 하나님처럼 높이는 사람이 있다면, 우리는 그를 이단이라고 분별해야 한다.

3. 이단을 대하는 태도

1) 주의해서 살펴야 한다.

진리가 있는 곳에는 늘 비 진리도 있게 마련이다. 이것은 마치 빛이 있는 곳에 항상 그림자도 따라다니는 것과 같다. 추수 때, 즉 세상 끝날의 심판이 있을 때까지는 원수가 뿌려 놓은 가라지가 알곡 밭에서 늘 함께 자랄 것이다.(마 13:39) 사도들께서는 말세에 악한 영이 활동

할 것이므로 주의할 것을 경고하셨다.(딤후 3:13, 벧후 2:1) 하나님께서 최후심판 때까지 이단의 활동을 허용하시는 것은, 양 우리에다 염소를 넣어 양들을 유익하게 하는 목자처럼, 참 성도를 유익하게 하시기 위해서이다. 그러므로 우리는 늘 이단에 대한 주의 깊은 관찰을 하고 있어야 한다. 그러나 이러한 관찰은 다른 사람보다 자기 자신에게서부터 하는 것이 옳다. 자기 눈에 있는 들보는 보지 못하고 남의 눈에 있는 티끌만 찾으려 하는 것은 오히려 스스로 이단에 빠져드는 일이기 때문이다.

2) 회개를 유도한다.

이단을 분별했을 때에는 먼저 무엇이 잘못인지를 지적하여, 이단이 그 잘못을 깨닫고 회개를 할 수 있도록 유도해야 한다. 이 때 우리는 적대적인 감정보다, 참으로 불쌍하고 안타깝게 여기면서 마음속에서부터 나오는 권면과 충고를 할 수 있어야 한다. 이단적 사상이나 행동에 대해서만 문제를 삼고, 그 사람의 인격을 비난하지는 말아야 한다. 이단을 막아내려다가 처음 사랑을 잃어버렸다고 책망을 받았던 에베소 교회의 실수를 반복하지 않도록 해야 하기 때문이다.(계 2:4) 우리는 자기 자신도 늘 이단에 빠질 위험에 놓여 있음을 기억하고 이단에 대한 올바른 정의를 가져야 한다.

3) 이방인처럼 여긴다.

끝까지 돌이키기를 거절하는 이단은 나그네와 이방인처럼 여겨서, 교회 밖으로 몰아내고 단호하게 관계를 끊어야 한다.(고전 5:13) 이는 이단을 정죄하려는 목적보다, 자신과 교회의 순결을 유지하기 위한 목적에서 나오는 최후의 필수적인 조치이다. 적은 누룩이 반죽 전체를 부풀게 하고(마 13:33), 쓴 뿌리 하나가 많은 사람을 더럽게 만든다.(히 12:15) 그러므로 우리는 악은 그 모양이라도 단호하게 멀리 해야 한다.(살전 5:22)

우리는 늘 이단의 위험 속에서 살고 있다. 한번 이단의 미혹에 빠져든 사람은 마약에 중독된 사람처럼 거기에서 쉽게 헤어 나오지 못한다. 그러므로 우리는 항상 이단을 잘 분별할 수 있는 분별력을 가지고 있어야 한다. 성경적 교훈 위에 바로서서 흔들리지 않는 믿음을 가짐으로써, 원수가 가라지를 뿌릴 기회를 주지 말아야 한다. 만일 이단을 발견했을 경우에는 진심에서 나오는 충고와 권면으로 회개를 유도할 것이지만, 끝까지 회개를 거절하는 이단은 자신과 교회의 순결을 유지하기 위해서 이방인처럼 여기고 교회 밖으로 몰아내야 한다. 그래서 교회로 하여금 진리와 비 진리가 섞이는 일이 없는 진리의 기둥과 터가 되도록 해야 한다.

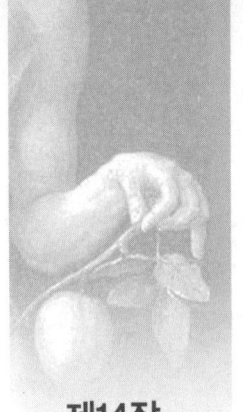

제14장.
설교자와 강단은 거룩한 권위를 가지고 있는가

우리는 예배당을 들어설 때마다, 사뭇 다른 장소에서와는 달리 마음을 가다듬는다. 예배당에서는 하나님을 향한 예배가 행해지기 때문이다. 예배당 내부구조는 보통 설교를 위한 강단과 성도들을 위한 좌석이 배치되어 있다. 그런데 강단은 주로 설교자나 예배순서를 맡은 특정한 사람만 사용하는 곳이어서, 일반 평신도로서는 좀처럼 강단에 접근할 기회가 없다. 이런 이유 때문에 강단이나 설교자는 특별히 거룩하게 여겨지고, 신성시되는 경우가 더러 있다. 그래서 심지어는 청소를 하는 경우에도, 강단에서 반드시 신발을 벗지 않거나 정장을 갖추어 입지 않으면 큰 불경죄를 범하는 것으로 여기는가 하면, 설교자를 마치 하나님처럼 여기는 일까지 생겨나기도 한다.

설교자나 강단은 과연 거룩한 권위를 가지고 있는가. 만일 그렇다면 그 거룩한 권위란 어떤 뜻으로 이해되어져야 할 것인가에 대해 살펴보기로 하자.

1. 거룩의 의미

국어사전에서는 거룩을 '성스럽고 위대하고 훌륭한 것'이라고 정의하고 있다. 그러나 성경에서는 '구별된 것 또는 구별된 상태'를 가리켜서 거룩하다고 말한다. 성경에서 말하는 거룩과 관련된 구별이란 두 가지의 의미를 갖는다. 첫째는 어떤 사람이나 사물이 다른 세속적인 것들과 구별된 경우이다. 우리는 이것을 존재론적 의미의 거룩이라고 부른다. 둘째는 어떤 행동이나 생각이 죄와 구별되는 경우이다. 우리는 이것을 윤리적 의미의 거룩이라고 부른다.

성경은 하나님을 거룩하신 분이라고 말한다. 그것은 하나님은 존재론적으로 볼 때 모든 피조물들과 구별되어 계시는 분이실 뿐만 아니라(사 57:15), 생각이나 활동에서도 죄와는 전혀 상관없이 구별되어 계시는 분이시기 때문이다.(사 5:16) 성경은 사람이나 피조물에 대해서도 거룩하다고 말한다. 그리고 하나님이 거룩하시니 너희도 거룩하라고 명령하기도 한다.(레 11:45) 사람이나 피조물이 세속적인 사람들이나 피조물들과 구별되어 하나님과 연관되어질 때에는, 그 구별된 사람이나 피조물이 존재론적 의미에서 거룩하다고 말할 수 있다. 성도, 성물, 성구, 성전, 성직, 성가, 성일 등에 붙여진 거룩의 의미가 바로 여기에 해당된다. 그리고 윤리적인 의미에서는 죄와 구별된 상태나 생각이나 행동, 즉 하나님의 뜻에 합한 상태, 생각, 행동을 하는 사람을 가리켜서 거룩하다고 한다.

2. 설교자와 거룩한 권위

설교자는 구약시대의 선지자들처럼, 하나님의 말씀을 전하는 하나님의 대언자 역할을 하는 사람이다. 그러므로 우리는 설교자가 하나님의 말씀을 전하고 있을 때에는, 설교자 개인 때문이 아니라 그 사람이 전하고 있는 하나님의 말씀 때문에, 마땅히 설교자의 권위를 인정하고 순종하는 마음으로 그 말씀을 받아들여야 한다. 설교자가 하나님의 말씀을 전하는 동안에는, 그 설교자가 비록 어린 아이나 인격적으로 결함이 있는 사람이라 하더라도 하나님의 대리자라고 여겨야 한다. 만일 설교자의 권위를 인정하지 않는다면, 그것은 하나님의 권위를 인정하지 않는 것이 된다.

초대 교회의 성자 어거스틴은 어린 아이의 말을 통해 들려지는 하나님의 부르심을 받고 회심하여, 후에는 교회의 위대한 지도자가 되었다. 예수님과 예수님의 제자들, 그리고 사도들의 가족이나 친구들은 인간적인 가족이나 친구 관계를 떠나, 그들의 입에서 나오는 말(설교)을 하나님의 말씀으로 듣고 순종하여 하나님의 은혜를 받았다. 만일 그들이 집안 사촌 동생이나 허물 많은 친구의 말로만 들어 넘겼다면, 하나님의 은혜는 그들에게 임할 수 없었을 것이다.

설교는 하나님께서 사람들에게 깨달음과 감동을 주시려고 사용하시는 효과적인 전달수단이다. 설교를 통해 전달되는 하나님의 말씀은 거룩한 권위를 가지고 일방적으로 사람들에게 전해진다. 그래서 설교를 '말씀의 선포'라고도 한다. 선포란 권위를 가지고 일방적으로 외치는 것이다. 이런 이유 때문에 설교에는 질문이나 반론이 있을 수 없다.

설교자의 말을 하나님의 말씀으로 받아야 한다는 것은 설교자가 하나님의 말씀을 바르게 전하는 경우를 말한다. 설교자가 하나님의 말씀과 관계없는 말을 할 때나, 하나님의 말씀을 그릇되게 전하는 경우에는, 이 말이 해당되지 않는다. 그러므로 설교자는 항상 하나님의 대리자라는 두려운 마음을 가지고, 하나님의 말씀만을 바르게 전하도록 세심한 주의를 기울여야 한다. 그리고 설교를 듣는 사람은 하나님의 말씀만을 옳게 분별하여(딤후 2:15), 그 말씀에 전적으로 순종하겠다는 자세를 가지고, 아멘으로 설교를 받아야 한다.

설교자는 설교를 하는 순간만이 아니라, 삶의 매 순간에서 하나님의 말씀을 묵상하고, 그 말씀을 생활 속에 적용하려고 끊임없는 노력을 해야 한다. 따라서 대부분의 설교자는 삶의 현장에서 순간순간 부딪치는 문제들에서 하나님 말씀을 어떻게 적용할 것인가에 대해 일반 평신도들보다 더 많은 임상적인 지혜와 지식과 경험을 가지고 있는 경우가 많다. 또 설교자는 자기의 설교를 듣는 사람들에게 하나님의 말씀을 효과적으로 전달하기 위해서, 설교를 듣는 각 사람들의 생활과 신앙의 수준 그리고 그들이 살고 있는 사회적 환경에 대한 객관적인 관찰에 온 정성을 다 기울인다. 그러므로 우리는 설교자가 강단에서 하는 설교뿐만 아니라, 일상생활에서 하나님의 말씀을 적용하여 일러주는 진지한 충고와 권면에도 귀를 기울이는 것이 필요하다.

하지만 아무리 능력 있는 설교를 하는 사람이라도 역시 유한하고 허물이 없을 수 없는 사람에 불과하다. 그러므로 설교자 개인을 천사나 하나님처럼 여겨 떠받드는 일이 있어서는 안 된다. 이는 거룩한 권위를 인정하는 것이 아니라, 사람을 신격화시키는 우상숭배의 위험에 빠지는 것임과 동시에, 그 설교자의 허물을 발견하게 될 때에는 크게 실망한 나머지 자신의 신앙에 큰 손해를 입을 수도 있다.

3. 강단과 거룩한 권위

예배당의 강단은 설교를 위해 구별해 놓은 장소이다. 그러므로 예배당의 강단은 강의나 교육을 위한 교단이나 제사를 위한 제단과 확실하게 구별이 된다. 설교란 사람들에게 하나님의 말씀을 기초로 사람을 구원하시려는 하나님의 계획과 목적에 감동을 받도록 권면하는 것이다. 설교는 주로 말로서 행해지지만, 때에 따라서는 동작이나 영상 등으로도 설교가 행해지기도 한다. 이 때문에 설교를 위한 강단은 많은 사람들이 보고 듣기에 편하도록 위치나 높이를 조절하기 마련이다. 그러나 때로는 이러한 의도가 지나쳐서 인위적이거나 권위주의적인 인상을 주는 구조나 장치를 할 경우도 있다. 하지만 설교에 있어서 중요한 것은 어떤 위치에서 어떤 형식으로 행해지는 설교이든 하나님의 말씀을 기초로 해야 한다는 사실이다. 엄격하게 말해서, 하나님의 말씀을 기초로 하지 않는 설교는 사실상 설교라고 할 수 없다.

성경이 말하는 거룩함의 의미에서 볼 때, 거룩하신 하나님을 예배하는 예배당이나 구별된 말씀인 성경을 전하는 강단은 분명히 거룩한 장소라고 할 수 있다. 구약시대의 성전에서는 이러한 사상이 매우 강조되었다. 지금의 예배당이나 강단에 비교되는 성전이나 지성소는 아무나 출입할 수 없도록 엄격하게 구별되어 있었고, 이를 어기는 사람은 그 자리에서 죽임을 당했다.(레 16:2) 그러나 지금의 예배당이나 강단이 가지는 거룩한 권위는 구약에서와는 다른 의미를 가진다.

예배당이나 강단이 거룩하다는 것은 그 재료나 공간 자체가 특별해서가 아니다. 예배당은 하나님을 향한 예배를 위해 구별해 놓은 장소이고, 강단은 하나님의 말씀을 전하기 위해서 구별해 놓은 공간이기 때문에 거룩한 곳이 되는 것이다. 그러므로 예배당이나 강단에서는 결코 세속적인 것과 똑같은 일들이 행해져서는 안 된다. 오직 하나님을 향해 구별되어진 일들만이 행해져야 한다. 말을 해도 세속적이고 인간적인 말과 구별된 하나님의 말씀을 해야 하고, 노래를 해도 세속적인 것과 구별된 거룩한 노래를 불러야 한다. 만일 이러한 조건들이 파괴된다면, 그 예배당이나 강단은 더 이상 거룩한 곳이 될 수 없는 공회당이나 공연무대에 불과한 공간이 되고 만다.

이 사실은 우리가 야외 공간을 예배나 설교를 위한 장소로 사용했을 때 더욱 분명하게 느껴볼 수 있다. 성도들이 예배를 위해 모인 일정한 공간은 비록 야외 공간이라 하더라도, 그곳이 본래 어떤 곳이었는가 하는 것과는 관계없이 그 시간만큼은 거룩한 장소로 구별이 된다. 그래서 산(요 6:3), 강가(행 16:13), 외딴 섬(계 1:8), 사자굴(단 6:22), 다락방(행 1:13), 감옥(행 16:24,25) 등을 막론하고 그곳에 하나님이 함께 하셨고, 하나님의 능력이 임하였다. 그러나 예배가 끝나고 성도들이 흩어진 이후에는 잠시 전에 가졌던 거룩한 장소로서의 의미는 다 사라지고, 그곳은 이전과 동일한 공간으로 되돌아간다. 그러므로 우리는 특정한 장소나 공간을 지나치게 신성시 하여 피조물을 하나님 대신으로 삼는 잘못된 길에 빠지지 말아야 한다.

그럼에도 불구하고 영구적으로 구별하여 하나님께 바쳐진 예배당이나 강단은 그곳이 하나님께 영구적으로 드려져서 구별된 공간이라는 점에서, 임시로 구별하여 사용했던 야외 공간의 경우와는 달리, 어느 정도의 성별 의식을 가지고 대해야 할 필요가 있다. 그러므로 신기하고도 놀라운 하나님의 능력이 임하였던 야외 공간을 대할 때의 우리의 자세와 별다르게 특별한 하나님의 임재 현상이 나타나지 않았다 하더라도 봉헌된 예배당을 대할 때의 우리의 자세는 달라질 수밖에 없다. 하지만 이런 경우에도 특정 공간을 신격화 하는 정도에까지 이르러서는 안 된다.

하나님은 거룩하시고 하늘과 땅의 모든 권세를 가지신 분이시다. 사람이나 피조물의 거룩한 권위는 이 하나님께로부터 나온다. 그러므로 설교자나 예배당이나 강단이 거룩하신 하나님과 연관이 되어있을 때에는, 거룩하신 하나님의 권위 때문에 설교자나 강단 또한 상당한 수준의 거룩한 권위를 가지고 있다고 보아야 한다. 그리고 신격화에 이르지 않는 범위 안에서 마땅히 그 거룩한 권위에 어울리는 적절한 예를 갖추고, 설교자나 예배당이나 강단을 대해야 한다. 하지만 하나님으로부터 나오지 않는 거룩한 권위는 단지 위선에 불과하다. 그러기에 우리는 우리 자신, 그리고 우리들의 관계 가운데서 위선이 아닌 거룩한 권위나 그 권위에 대한 존경이 내면에서부터 자연스럽게 묻어나도록 해야 한다.

제15장.
세례인가 침례인가

예수님께서는 "너희는 가서... 아버지와 아들과 성령의 이름으로 세례를 주라"(마 28:19)는 명령을 남기시고 승천하셨다. 그러므로 세례는 예수님의 명령이요, 초대교회에서부터 내려오는 오랜 전통이다. 교회 안에 세례 자체를 반대하는 사람은 아무도 없다. 그러나 세례가 행해지는 방법이나 대상에 대해서는 서로 의견을 달리하거나, 심지어는 극한 대립으로까지 나가기도 한다.

이 문제의 해결은 세례의 근본적인 의미를 바르게 이해하는 데에 있다.

1. 세례의 의미

성경에 사용된 세례라는 말은 본래 '물에 적심, 담금, 찍음, 염색, 씻음, 목욕' 등을 의미한다. 그래서 이 말은 기독교 종교의식으로의 세례를 의미할 뿐만 아니라, 손가락 끝으로 물을 찍거나(눅 16:24), 떡을 찍어 나눌 때(요 13:26)에도 사용되었다.

사도 바울께서는 교회 안에서 행해지는 종교의식으로서, 세례를 말씀하면서, 세례가 갖는 의미를 여러 가지로 설명했다. 롬 6:4,7, 골 2:12에서는 세례가 그리스도와 함께 옛 사람이 죽고 그리스도와 함께 새사람이 다시 살아남을 의미하는 것이라 했다. 엡 5:26, 딛 3:5에서는 죄로 더러워진 마음과 생활을 깨끗하게 씻는 것이라고 했다. 그리고 고전 12:13, 갈 3:27에서는 한 성령으로 그리스도와 연합하여 한 몸이 되는 것을 의미한다고 했다.

따라서 세례는 예수 그리스도를 믿음으로 말미암아 죄 씻음을 받고 죽음에서 생명에로 옮겨진 자들이 그리스도와 더불어 하나 됨을, 그리고 그리스도를 주로 믿는 자들이 머리되신 한 분 그리스도 안에서 피차 하나의 몸이 됨을, 물을 가지고 표하고 인치는 의식이라고 할 수 있다.

이런 이유 때문에 사도 바울께서는 세례를 가리켜 '거룩하신 자에게서 받는 기름부음'이나 '주께 받은 기름부음'(요일 2:20, 27), 또는 '성도를 함께 모이게 하는 주 예수의 이름'(고전 5:4), 또는 '내 몸에 가진 예수의 흔적'(갈 6:17)이라고도 표현했다.

2. 세례의 기원

기독교의 세례가 유대인의 결례에서부터 생겨났다고 생각하는 사람들이 있다. 유대인들은 레위기 15장이나 민수기 19장의 기록에서 보는 것과 같이 물로 정결케 하는 규례를 행하고 있었다. 선지자들은 정결 의식을 염두에 두고, 씻음에 대하여 자주 언급을 한다.(사 1:16, 렘 4:14, 겔 36:25 등) 이스라엘 백성은 홍해를 건너 구원을 받은 것(출 14장)이나 나아만이 요단강 물에서 씻음으로 병이 나았던 것(왕하 5장) 또는 제사장을 위해 회막에 물두멍을 두었던(출 30:18) 사례들에서처럼 물로 정결케 함에 특별한 의미를 부여하고 있었다. 유대인의 결례는 예수님 당시에도 계속되고 있었다.(막 7:3,4. 요 2:6) 따라서 죄 씻음을 의미하는 기독교의 세례와 동일한 의미를 가진 유대인의 전통적 규례인 결례는 어느 정도 세례의 기원으로 여겨질 만하다.

그러나 유대인의 결례를 세례의 기원으로 볼 수는 없다. 결례는 성례적 의미로 행해지지 않았을 뿐 아니라, 씻기 위한 것이지 씻어 깨끗해짐을 표하는 것이 아니기 때문이다. 물 자체를 신성시 하거나, 물로 목욕하는 의식 또는 물을 뿌리는 의식을 신성시하는 일은 다른 이방 나라들에도 흔히 있었다.

예수님께서 받으셨던 세례요한의 세례에서 세례의 기원을 찾는 사람들도 있다. 요한은 신적 권위를 가지고 요단강에서 세례를 베풀었다.(눅 7:30, 요 1:33) 예수님께서도 요한의 세례에 하늘로부터 오는 권세가 있음을 암시하셨다.(막 11:30) 그러나 요한의 세례를 기독교 세례의 기원으로 보기는 어렵다. 왜냐하면 요한의 세례는 회개를 촉구하기 위한 세례이었을 뿐, 회개의 결과로 얻어진 죄 사함을 인치는 세례가 아니었기 때문이다. 뿐만 아니라 요한의 세례는 임박한 천국을 소개하는 세례이었을 뿐, 그리스도와 함께 임한 천국의 소유를 표하는 세례가 아니었다. 무엇보다 요한의 세례는 삼위의 이름으로 행해지지 않았다. 이런 근본적인 차이점 때문에, 요한의 세례를 받았던 사람들은 사도 바울에게 다시 세례를 받았다.(행 19:5) 그러므로 우리는 세례 요한의 세례를 기독교 세례의 기원이라고 할 수 없다. 그럼에도 불구하고 예수님께서는 세례 요한의 세례를 받으심으로써, 공생애 사역의 시작을 천하에 공포하셨다.

한편, 예수님 당시 예수님의 제자들이 베풀었던 세례의 경우는 기독교 세례와 가장 가까운 세례이었음에도 불구하고, 역시 요한의 세례와 같은 특징을 그대로 가지고 있었기 때문에 기독교 세례의 기원이라고 할 수 없다.

우리는 세례의 기원을 예수님께서 친히 베푸셨던 세례와 승천하시기 전에 "너희는 가서... 아버지와 아들과 성령의 이름으로 세례를 주라"(마 28:19, 막 16:16)고 하셨던 명령에서 찾아야 한다.

3. 세례의 대상

세례는 아무에게나 베풀어지는 의식이 아니다. "믿고 세례를 받는 사람은 구원을 얻을 것이요"(막 16:16)라고 하신 예수님의 말씀에서 보는 것처럼, 세례에는 반드시 믿음이 전제되어야 한다. 이것은 세례 그 자체가 믿음을 생겨나게 하거나 구원을 받게 하는 절대적 조건이 아니라, 믿음을 가지고 있음에 대한 증표로 행해지는 것임을 의미한다. 그래서 사도들께서는 예수님의 명령을 좇아, 반드시 먼저 복음을 전한 후에 그 복음을 믿는 사람들에게만 세례를 베풀었다.

믿음은 우리의 마음속에서 이루어지는 전 인격적인 사건이다. 그러나 그 믿음을 구체적으로 확인하기란 참으로 어렵다. 그릇된 확신에 매이거나, 뜨거웠던 결심이 쉬 식어버리는 경우를 보기도 한다. 하물며 다른 사람의 믿음은 더 말할 나위도 없다. 그래서 믿음은 입으로 시인하는 형식, 즉 신앙고백을 통해 자신과 다른 사람에게 그 내용을 확인시키게 된다. 이 때문에 사도 바울께서는 "사람이 마음으로 믿어 의에 이르고 입으로 시인하여 구원에 이르느니라"(롬 10:10)고 말씀했다.

세례는 자신의 믿음을 분명하게 입으로 시인하여 고백하는 사람에게 행해진다. 예수를 믿은 기간이나 나이는 큰 문제될 것이 없다. 하지만 일반적인 경험으로 볼 때, 처음 믿은 사람이나 어린 아이들은 잘못된 판단이나 일순간의 감정에 치우친 나머지 무엇이 참된 믿음인지, 또 그 믿음을 어떻게 고백해야 할지를 분별하지 못하는 경우가 많다. 그래서 대부분의 교회들은 이런 상황을 고려함과 동시에 교회의 질서를 유지하기 위해서 일정한 학습기간을 두거나 최소 연령 기준을 마련하기도 한다.

어린 아이도 구원의 대상이 될 수 있다. 그러므로 죄 씻음과 그 결과로 얻어지는 구원을 인치는 의식인 세례는 어린 아이에게도 행해질 수 있다. 그러나 어린 아이들은 자신의 믿음을 스스로 고백할 만한 능력을 가지고 있지 못하다. 그러므로 어린 아이들은 부모의 신앙고백을 기초로 그 어린 아이가 구원받을 언약 백성임을 내다보며 세례를 베풀게 된다. 이것이 유아세례이다.

4. 세례의 방법

　세례는 물을 사용하여서 죄 씻음을 표하고 인(印)치는 성례행위이다. 물은 지정된 재료이기 때문에 다른 것으로 대치될 수 없다. 여기에는 이론의 여지가 없다. 그러나 물을 사용하는 방법에 대해서는 물을 뿌리거나, 찍어 바르거나, 붓거나, 물속에 잠기는 등 여러 가지가 있을 수 있다. 그런데 세례는 반드시 물속에 잠기는(침례) 방식이어야만 유효하다고 단호하게 주장하는 사람들이 있다.

　침수(침례)만이 유일한 세례 방법이라고 하는 중요한 이유는 다음과 같다. 세례라는 단어는 물속에 잠기는 것을 의미한다. 이 단어는 항상 밖에서 안으로 들어가는 전치사와 함께 사용이 되었다. 세례는 그리스도와 함께 장사되고 다시 산 것을 인치는 것을 그 중심내용으로 하고 있다. 성경이나 초대교회가 침수방식으로 세례를 베풀었다.

　여기에 제시된 이유들은 모두 다 상당한 근거를 가지고 있는 것이 사실이다. 그러나 이 이유들만 내세우는 것은 그것들이 각각 가지고 있는 또 다른 면들을 지나치게 무시한 생각이라고 여겨진다. 세례라는 단어는 물속에 잠기는 것만이 아니라, 물로 씻는 것이나 찍는 것이나 뿌리는 것을 의미하기도 한다. 세례는 그리스도와 함께 죽고 사는 것만이 아니라, 죄 씻음을 통해 정결케 되는 것을 더 중요한 의미로 표하는 것이다. 그리고 성경에서 세례가 베풀어졌던 사례들이 반드시 침수 방식이었다고 단정하기 어렵다. 왜냐하면 베드로가 베풀었던 하루 3,000명의 세례(행 2:41), 빌립보 간수가 한밤중에 온 가족과 함께 받았던 세례(행 16:33) 등, 오히려 침수 방식보다는 다른 방식으로 세례가 베풀어졌을 가능성이 더 많음을 보여주는 상황들이 여러 곳에서 발견되고 있기 때문이다.

  그러므로 세례의 방식은 가능하다면 침수 방식이 좋겠지만, 반드시 침수만을 유일한 방법으로 고집할 필요는 없다. 세례에서 중요한 것은 방식이 아니라, 참된 믿음과 신앙고백이요, 이것을 가능케 하는 하나님의 은혜이다. 세례에 필요한 것은 물의 사용 방식이 아니라, 물과 함께 계셔야 할 성령의 역사이다. 그래서 예수님께서는 "사람이 물과 성령으로 거듭나지 아니하면 하나님 나라에 들어갈 수 없느니라"(요 3:5)고 말씀하셨다. 만일 세례 때에 물을 사용하는 특정한 방법 때문에 세례 때 함께하시는 성령님의 역사를 제한하는 경우가 있다면, 이는 세례 그 자체가 구원을 생겨나게 하는 필수적인 조건이 되거나 그 공로로 여기는 오해를 일으키게 할 것이다.

  세례는 예수 그리스도를 믿음으로 죄 씻음을 받고 새 사람이 되어, 그리스도와 하나 되었다는 사실을 표하고 인치는 의식이다. 세례는 이 사실을 가장 잘 드러낼 수 있는 물을 가지고 신앙을 고백하는 사람에게 베풀어진다. 그러므로 세례에서 가장 중요한 것은 믿음과 신앙의 고백, 그리고 이를 가능하게 하시는 하나님의 은혜이다. 물을 사용하는 방식은 절대적인 요소가 될 수 없다. 그 방식이 세례이든 침례이든 간에, 다만 우리는 세례가 우리 주님께서 친히 제정하여 행하라 명하신 거룩한 의식으로서, 진정한 믿음의 고백으로 구원을 확증하는 표(標)요 인(印)이라는 사실에 관심을 집중해야 한다.

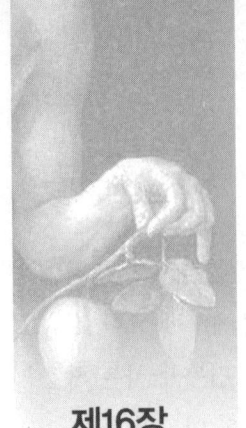

제16장.
기독교에는 왜 많은 교파들이 있는가

지금 기독교는 많은 교파들로 나뉘어 있어, 참으로 어느 교파가 옳고 그른지를 분별하기 매우 어렵다. 또 같은 교파라 하더라도 그 안에는 여러 갈래의 교단들로 세분이 되어 극단적으로 대립하면서 전도에 장애물 역할을 하거나, 덕을 세우지 못하는 경우도 있다. 기독교는 모두가 한 하나님과 한 주 예수 그리스도를 믿는다고 하면서 왜 이토록 교파들이 많은 것인가. 이제 그 배경과 유형에 대해 살펴보기로 하자.

1. 교파의 유래

교파들이 생겨나는 데는 대체로 다음 두 가지 이유가 있다고 할 수 있다.

첫째, 성경 해석의 차이가 교파들을 생겨나게 한다. 기독교 안의 모든 교파들은 성경을 최고의 근거로 삼는 데 동의를 한다. 그러나 성경 구절이나 단어의 진정한 의미를 밝히는 데에는 의견을 달리 하는 경우가 많이 있다. 의견의 차이가 도저히 용납될 수 없다고 여겨질 때에는 심각한 논쟁이 벌어지게 되고, 서로 뜻을 같이 하는 사람들끼리 나누어지면서 교파를 형성한다. 이렇게 성경해석의 차이로 이루어진 교파 분열은 로마 가톨릭과 개신교 사이의 분열이 가장 두드러지게 나타난다.

특정한 사람에게만 성경을 해석할 수 있는 권한을 부여하고 그 이외의 사람들에게는 전혀 성경을 해석하거나 읽는 것조차 금했던 중세시대까지는 성경해석의 차이 때문에 생기는 교파의 분열이 거의 없었다. 그러나 성경의 해석은 특정한 사람들만의 특권이 아니라, 성경의 원저자이신 성령의 조명을 받는 사람이라면 어느 누구든지 성경을 직접 읽고 그 의미를 깨달아 교훈을 받을 수 있어야 한다고 생각했던 종교개혁자들이 일어나서, 로마 가톨릭과 개신교, 그리고 개신교 안에서도 루터파, 칼빈파, 침례파, 경건파 등으로 나뉘어졌다.

둘째, 교회 운영 방식의 차이가 교파들을 생겨나게 한다. 교회는 성도들이 교통하는 집합체이다. 집합체에는 질서와 순결의 유지를 위한 제도와 조직이 필요하다. 그런데 시대와 지역 또는 교인들의 수준이나 전통에 따라, 이 제도와 조직의 운영에 어떤 방식이나 형태가 가장 효과적인가에 대한 견해의 차이가 생기게 되었다. 그리고 그 결과 여러 형태의 교파가 등장하게 되었다. 장로제 운영을 택한 장로교, 감독제 운영을 택한 감리교, 회중들 중심의 운영을 택한 회중교회, 일체의 인위적 운영을 부정하는 무교회파 등이 그 대표적인 예이다.

이제 잘 알려져 있는 기독교의 대표적인 교파들에 대하여 간단하게 살펴보자.

2. 교파의 유형

1) 감리교회

교회 운영이 감독제도 방식이기 때문에 감리교회라고 한다. 요한 웨슬레가 영국에서 전개했던 회개 운동으로부터 시작되었다. 웨슬레는 자기와 뜻을 같이 하는 사람들과 함께 회개와 경건생활을 위한 방법을 구체적으로 제시하고 지켜나갔다. 때문에, 감리교를 영어로는 Methodist(방법주의자)라고 부른다. 그러나 감독제도는 감리교회 이외에도 쉽게 찾아볼 수 있다.

2) 개혁교회

종교개혁자 칼빈과 즈빙글리 등의 성경 해석을 따르는 교파이다. 한때 개혁교회를 국교로 받아들였던 네델란드를 비롯한 스위스와 독일 남부, 스웨덴, 그리고 그들의 이주민들이 정착한 세계 여러 지역에 분포되어 있다.

3) 구세군

알콜 중독자나 유흥가 종사자 같은 특수 계층 사람들에게 전도하기 위해서는 보통의 방법이 아닌 전투방식을 택할 필요가 있다고 생각하여, 감리교 목사이던 윌리암 부드에 의해 창설되었다. 군대식 전도조직으로 교회를 운영한다. 연말이면 자선냄비 모금으로 잘 알려진 단체이다.

4) 그리스도의 교회

모든 것을 버리고 성경으로 돌아가자는 '환원운동'을 하면서, 소속되어 있던 교파를 나와 자신들을 '그리스도인'이라고만 부르던 사람들 중, 토마스 캠벨과 알렉산더 캠벨 부자(父子)를 중심으로 미국에서 시작된 교파이다. 교파를 없앨 것을 주장하고 시작했으나, 그들 스스로가 또 하나의 교파를 이루었다. 그들 가운데 일부는 예배 때, 악기사용을 금지하자고 주장하기도 한다.

5) 나사렛 교회

미국 남북전쟁 이후, 전국적으로 일어난 영적 각성운동의 결과로 생겨난 교파 중 하나이다. 성경 해석과 교회 운영방식에서 대체로 감리교의 방식을 따르고 있으나, 개 교회의 자치권을 더 많이 인정하려고 한다.

6) 동방 정교회

요한 계시록에 나오는 일곱 교회를 비롯하여 초대교회 때에는 동로마 지역에도 서로마 지역 못지않은 많은 교회들이 있었다. 그러나 동로마 지역의 교회들은 성경의 해석이나 교회 운영방식, 그리고 정치 문화적 배경 등에서 서로마 지역 교회들과 많은 차이가 있었다. 이러한 차이점들은 마침내 1054년 새로운 동방교회라는 교파를 생겨나게 했다. 이들은 자기들이 정통성을 가지고 있다는 의미에서 스스로를 정교회(正敎會, Orthodox Church)라고 불렀다. 이슬람 세력이 소아시아 지역을 점령한 이후로는 북쪽으로 올라가 러시아 정교회로 발전하였다. 한국에서는 러시아 공사관이 들어오면서 한국 정교회가 시작되었다. 지금은 터키의 이스탄불에 총 대주교가 있다.

7) 루터교회

독일의 종교개혁자 마르틴 루터의 성경해석을 따르는 교회이다. 종교개혁 당시만큼 큰 영향을 미치지는 못하지만, 루터교회를 국교로 채택한 독일과 주로 북 유럽에 많이 있다.

8) 성결교회

교회의 운영방식보다는 개인적인 신앙생활에 더 많은 관심을 가지고 4중 복음(중생, 성결, 신유, 재림)을 강조하는 교파이다. 미국 감리교회 출신의 두 지도자가 일본에서 조직한 동양 선교회를 통해 한국에 소개되었다.

9) 영국교회(성공회)

영국 왕 헨리 8세가 자신의 이혼을 허락해주지 않는 로마 가톨릭 교회에 반기를 들고, 교회의 머리는 교황이 아니라 국왕이라고 하면서 생겨난 교파이다. 로마 교회와 다른 성경해석을 통하여 교황권에 반대하고, 개신교 사상 발전의 상당한 계기를 이루었으나, 대부분의 성경해석과 의식(儀式)에서는 여전히 로마교회의 입장에서 벗어나지 못했다. 그래서 영국교회 스스로는 로마 가톨릭과 개신교의 중간 위치에서 조정자 역할을 할 수 있다고 주장하기도 한다. 우리나라에서는 이 교파를 사도신경의 본문 중 '거룩한 공회'를 한문으로 표기한 "성공회"(聖公會)를 교파의 이름으로 사용하고 있다.

10) 오순절 교회

성경해석이나 교회운영 방식보다는 오순절에 나타난 성령의 역사를 지금도 개인적으로 체험할 것을 일차적으로 주장하는 교파이다. 하나님의 성회도 오순절 교회의 입장에 있으며, 우리나라에서는 순복음 교회가 대표적인 오순절 교파라 할 수 있다.

11) 장로교회

일반 성도들이 장로를 선출하여 교회를 운영해 나가는 교파이다. 장로제도는 일찍이 아브라함 때부터 있었고, 신약 성경에도 그 제도와 자격이 설명되어 있기 때문에, 가장 성경적인 제도라고 주장하고 있다. 교황제도가 시행되던 중세 로마 카톨릭에 맞서 존 칼빈은 제네바에서 장로제도를 부활시켰고, 이것을 존 낙스가 스코틀랜드에서 완전한 교회 운영제도로 정착시켰다.

12) 천주(로마 가톨릭) 교회

사도 바울의 서신에서 처음 언급된 이탈리아와 북 아프리카를 중심으로 한 서로마 지역에 많이 분포되어 있었다. 기독교가 공적 인정을 받으면서 제국의 수도에 있었던 로마 교회는 다른 지역의 교회들보다 주도적인 위치를 차지했다. 로마 지역의 교회가 여러 지역 교회들을 대표하면서, 로마의 교회 영향 아래에 있는 교회만이 교회일 수 있다는 의미로 '보편적'이라는 뜻을 가진 '가톨릭'이란 말을 덧붙여 로마 가톨릭이라는 이름으로 불렀다. 그러나 특정 지역의 교회인 로마교회를 가리켜 전체를 의미하는 가톨릭이라고 하는 것은 부분을 전체로 보는 논리적 모순이 있다. 로마 가톨릭 교회는 사도 베드로를 로마교회의 최초 감독으로 하고, 590년부터는 베드로의 뒤를 이어 성경 해석과 교회 운영에 있어 절대적인 권한을 가진 지도자를 교황으로 두는 제도를 도입했다. 하지만 사람에게 부여된 절대적 권한은 역사상 거친 반발과 개혁을 요구하는 심각한 오류를 종종 일으켜왔다.

13) 침례교회

세례를 침수 방식으로 행하는 교파는 침례교회 이외에도 많이 있다. 그러나 침례교회는 세례의 방법을 오직 침수 방식으로 해야만 한다는 강한 주장을 하기 때문에 침례교회라고 한다. 성경 해석에 있어서는 개혁교회나 장로교회와 가깝다. 그러나 교회 운영방식에 있어서는 어떠한 권위도 인정하지 않고 모든 성도들로부터 모아진 의견을 가장 중요하게 여기는 회중교회 형태를 따른다.

사도 바울께서는 "주도 하나이요, 믿음도 하나이요, 세례도 하나이요 하나님도 하나"(엡 4:5,6)라고 하시면서, "평안의 매는 줄로 성령의 하나 되게 하심을 힘써 지키라"(엡 4:3)고 말씀하셨다. 과연 주님이 한 분이시고, 믿음이 하나이고, 진리가 하나라면, 우리는 여러 교파로 갈라져 있을 것이 아니라, 마땅히 그리스도 안에서 모두 하나가 되어야 한다. 교파들마다 가급적 하나가 될 수 있는 요인을 힘써 찾아내야 한다. 이를 위해 우리는 우선 같은 교파 내의 교단별 연합이나 통합부터 적극 시도해 볼 필요가 있다. 만에 하나 기득권 유지를 위해 분리를 일삼는 일이라도 있다면, 이는 주님께서 원하시는 것과는 너무나도 거리가 먼 자세가 된다. 그러나 일치는 반드시 단순한 타협이나 이해타산이 아닌, 참 진리의 토대 위에서 이루어져야만 한다. 아직 일치를 이루지 못한 단계에서는 모든 교파들이 다양한 악기로 아름다운 화음을 만들어내는 관현악과도 같은 조화를 이루기 위해서 모든 노력과 관심을 기울여야 한다.

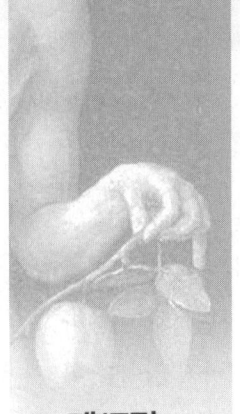

제17장.
교회 운영방식은 민주적이어야 하는가

교회는 여러 성도들이 모여 위로는 하나님, 그리고 아래로는 다른 성도들과 더불어 교제하는 곳이다. 그러므로 교회는 질서 유지를 위해 일정한 제도가 필요하다. 제도에는 그 제도를 운영하는 사람, 즉 교회의 직원이 있어야 한다. 그러나 교회의 운영에는 미비한 제도와 그리스도인으로서 성숙하지 못한 사람들의 이해부족에 따라 여러 가지 문제들이 발생하기도 한다. 이제 가장 성경적인 교회운영 제도를 살펴보고 민주적인 방식의 교회 운영이 어떤 영향력과 결과를 나타내는지 살펴보도록 하자.

1. 교회 직원에 의한 운영의 필요성

교회의 직원이란, 교회의 운영(교회정치)을 위한 직임을 맡은 사람인 목사, 장로, 집사 등을 말한다.

프리머스 형제단, 퀘이커 파, 키에르케고르, 우찌무라 간조(內村鑑三) 같은 사람들은 직원에 의한 교회 운영 자체를 부정한다. 오순절 이전에는 교회의 조직이나 직원이 없었고, 사람이 교회를 운영하게 되면 여러 가지 좋지 못한 일이 생길 수 있으므로, 성령께서 직접 교회를 지도해야 한다고 보았다. 우리는 이런 사람들을 흔히 무교회주의자라고 부른다. 그러나 사실은 교회가 아니라 교회의 운영을 부인하는 사람들이므로, 무정치주의자라고 부르는 것이 더 좋을지도 모른다.

교회의 효과적인 운영을 위해서는 반드시 직원이 있어야 한다. 성경은 이 사실을 분명하게 가르치고 있다. 성경에는 여러 직원의 명칭과 자격이 언급되어 있다.(고전 12:28, 엡 4:11,12) 교회는 필요에 따라 이 직원들을 선출했고(행 6:1-7) 그들에게는 순종해야할 권위가 있음을 인정했다.(딤전 5:17) 또 과부들을 등록하여 질서를 도모했고(딤전 5:9) 어떤 교회는 연보를 모아 다른 교회에 전달을 하였으며(고전 16:2) 소개 서신을 주어 사람을 다른 교회에 추천하였다.(롬 16:1) 뿐만 아니라 질서유지를 위한 규례와 법도를 제정하였고(고전 11:16) 악한 사람을 교회에서 쫓아내는 권징이 명령되고 시행되었다.(고전 5:13) 장로의 회나(딤전 4:14), 예루살렘의 총회도 있었다.(행 15장) 이 모두가 직원에 의한 교회 운영이 왜 필요한가를 보여주는 증거들이다.

교회의 머리는 예수 그리스도이시다. 그러므로 교회는 그리스도에 의해 운영되어야 한다. 그러나 그리스도께서는 교회가 이 땅에 있을 동안에는, 교회 안에 직원들을 세우시고 그 직원들을 통해서 자신의 뜻을 이루시는 방법을 택하신다. 무정치주의자들이 기대하는 그리스도의 직접적인 다스리심은 천국에 가서야 이루어질 것이다.

그렇다면 직원에 의한 교회 운영방식은 어떠한 형태로 이루어져야 하는가.

2. 여러 형태의 교회 운영방식

지금까지 교회를 운영(정치)하는 방식에는 다음 몇 가지 형태가 시행되어 왔다.

1) 교황정치

로마 가톨릭 교회가 590년에 그레고리를 초대 교황으로 받아들이면서 시행해오고 있는 운영방식이다. 교황을 지상에 있는 그리스도의 대리자로 인정하고, 성경해석, 교리제정, 재정, 인사 등 교회 운영의 모든 사항에서 교황의 절대적인 지도에 따른다. 그러므로 교회 운영은 민주적이라기보다 상명하달식(上命下達式)으로 이루어진다. 교황에게는 오류가 있을 수 없다는 생각이 이러한 형태를 주장하는 근거로 이용되고 있다.

2) 감독정치

영국교회, 감리교회, 나사렛교회 등이 시행하고 있는 교회 운영 방식이다. 이 교회들은 사도들의 권위를 이어받은 감독에 의해 교회가 운영되어야 한다고 생각한다. 그래서 '감독이 없으면 교회도 없다' 고까지 주장한다. 그러나 교황 대신 감독 또는 감독들로 바뀌었을 뿐, 교황정치와 같은 운영 방식을 채택함으로써 교인들은 교회 운영에 참여하지 못한다.

3) 회중(조합)정치

교황정치나 감독정치의 경우와는 정반대로, 일체의 우월적인 권위를 인정하지 않고 교회의 모든 일들을 교인들의 의견에 따라 집행하는 운영 방식이다. 설교자를 비롯한 교회의 모든 직원들과 그 임무는 교인들의 위임에 의해서만 결정이 된다. 또 개 교회의 운영은 총회 노회 지방회 같은 교회 밖의 다른 어떤 기관으로부터도 전혀 영향을 받지 않는다. 다만 필요한 연합 사업을 위해 협력하는 것만을 인정한다. 이런 형태의 교회 운영은 대표적으로 침례교회에서 볼 수 있다.

4) 장로정치

회중정치처럼 교회 운영의 기본권이 교인들에게 있다고 생각하지만, 교인들이 직접 교회를 운영하는 것이 아니라, 대표인 장로를 선출하여 운영하게 하는 형태이다. 교인들은 자기들이 장로를 뽑았음에도 불구하고, 장로를 자기들의 대표로만 생각지 않고 하나님께서 자기들을 통해 뽑아 세운 자로 생각한다. 따라서 장로의 권위를 인정하고 그들의 교회 운영 방식에 순종을 한다. 이 원칙은 다른 교회와의 관계에도 적용이 되어, 기본권은 개 교회에 두면서도 총회 대회 노회 등을 상회로 인정하여 그 권위에 따른 지도를 받는다. 민주적인 운영방식을 택하면서도 다수에 의한 혼란을 막을 수 있다. 구약시대 때부터 시행되어 온 가장 오래된 교회 운영 방식이다.

5) 국교정치

교회는 국가 안에 존재하고 있으므로, 교회의 운영을 국가가 맡아서 관리해야 한다는 주장아래 이루어진 교회 운영 방식이다. 16세기 독일 하이델베르그에서 의사로 활동하던 에라스투스가 이 운영방식을 주장하였다. 이후, 유럽 여러 나라들이 이 방식을 따랐으나 교회들이 안일함과 부패함에 빠지면서 정치와 종교가 구분되어야 할 단계에 이르자 거의 모든 교회들이 이 방식을 거부하고 있다. 지금의 독일은 교회의 재정은 국가가 세금을 거둬 책임지고, 교리제정이나 인사 문제는 교회가 해결하는 변형된 국교정치로 운영되고 있다.

3. 교회 운영 방식의 한계

교회가 교황이나 감독들에 의해서만 주도된 나머지, 교인들의 의사와는 상관없이 운영됨으로써, 개 교회의 특성이나 현장감을 살리지 못하고 여러 가지 문제점을 안고 있는 경우가 적지 않다. 또 교인들의 의견들만 따른 나머지 교회가 정체성이나 균형감을 잃고 다수에 의해 움직이게 되거나, 전 국가적으로나 세계적으로 연합된 큰 힘을 발휘하지 못하는 경우도 있다.

이러한 현상은 교황 또는 감독 정치나 회중 정치에서만 있는 것이 아니다. 회중정치를 택한 교회 안에서도 교황정치에서 나타나는 문제점이 생기기도 하고, 감독정치를 택한 교회 안에서도 회중정치에서 나타나는 문제점이 생기기도 한다. 이러한 문제점들을 예방할 수 있는 장점을 지닌 장로정치 안에서는 이러한 두 가지 문제점이 동시에 발생하기도 한다.

그러므로 교회 운영에 있어 가장 큰 핵심적 요소는 교회를 운영하는 사람들의 자질과 교회를 운영하는 목적에 달려 있다고 보아야 할 것이다. 그러므로 바람직한 교회 운영을 위해서는 다음과 같은 요소들이 고려되어야 한다.

4. 바람직한 교회 운영의 요소

1) 어떤 형태의 교회 운영 방식이 가장 성경적인가를 고려해야 한다.

교인들의 생각과 삶에 가장 기본이 되어야 할 것은 성경의 가르침이다. 교회의 운영 방식도 예외가 아니다. 성경이 가르치는 교회 운영 방식은 모든 교인들이 매사에 직접 참여하여 운영하는 방식은 아닐 것이다. 왜냐하면 예로부터 교인들은 가르치거나 다스리는 자에게 마땅한 존경을 표하였으며, 그들의 지도를 받았기 때문이다. 교인들은 집사를 선거하여 뽑았다. 그러나 집사는 구제와 봉사, 즉 기도하고 말씀을 전하는 사도들이나, 규례에 따라 교회를 다스리는 장로와는 구분된 직무를 맡았다. 그러므로 교회의 운영은 교인들의 존경을 받는 대표들로 구분되어 이루어지는 것이 옳다.

성경은 교회를 지도하는 사람들은 교황이 아니라, 장로 또는 감독이라고 불렀다. 장로는 권위를 나타내고, 감독은 기능을 나타내는 이름이다. 그래서 장로와 감독이라는 명칭은 서로 교대적으로 사용되기도 했다.(행 20:17과 20:28 그리고 딛 1:5과 1:7 비교) 교회가 유대의 전통적인 영역을 넘어 땅 끝까지 전파되는 과정에는 전통이나 나이보다

교회를 운영할 수 있는 기능이 더 중요시 되었기에, 초대교회 때에는 감독이라는 명칭이 더 많이 사용되었다. 복음은 나이 순서에 따라 받아들여지는 것이 아니기 때문이다.

2) 합당한 자질을 갖춘 사람들로 교회를 운영하게 해야 한다.

교인들의 대표로 교회 운영을 책임져야 할 장로와 집사의 자격은 딤전 3:1-13, 딛 1:6-9에 잘 나타나 있다. 장로(감독)에게는 책망할 것이 없음, 한 아내의 남편, 절제, 근신, 아담함, 나그네를 잘 대접함, 가르치기를 잘함, 술을 즐기지 않음, 구타하지 않음, 관용, 다투지 않음, 돈을 사랑하지 않음(더러운 이를 탐하지 않음), 자기 집(자녀)을 잘 다스림, 단정함으로 복종케 함, 제 고집대로 하지 않음, 급히 성내지 않음, 의로움, 거룩, 말씀의 가르침을 그대로 지킴, 새로 입교하지 않음 등의 자질이 있어야 한다.

집사에게는 단정함, 일구이언 하지 않음, 술에 인 박이지 않고, 더러운 이를 탐하지 않고, 깨끗한 양심과, 믿음의 비밀을 가진, 한 아내의 남편으로서, 자신과 자기의 집을 잘 다스리는 등의 자질이 있어야 한다. 교인들은 반드시 이러한 자질을 가진 사람인지를 먼저 시험해 본 후에, 그들에게 교회의 운영을 맡겨야 한다.(딤전 3:10)

3) 하나님께 예배하고, 성도들 간의 교통이 효과적으로 이루어지는 것으로 교회 운영의 목표를 삼아야 한다.

교회의 직원은 세속 권력자와는 달리 하나님과 사람에게 봉사를 하는 사람이다. 그러므로 교회의 직원들에게는 직임의 차이만 있을 뿐, 우열의 차이란 있을 수 없다.(엡 4:12) 따라서 교회 운영에서는 명예를 위한 직원이나 세과시를 위한 파벌 또는 권위적인 군림 등은 아예 버려야 한다.

4) 사람의 생각이나 편의가 아닌, 머리되신 그리스도의 뜻이 이루어지는 데 교회 운영의 최우선 점을 두어야 한다.

아무리 다수의 일치된 의견이라 하더라도 때로는 그 의견이 사람편의 생각이거나 사람의 유익을 위한 것일 수 있다. 교회의 운영은 하나님의 말씀에 따라 하나님의 영광을 드러내는 데에 우선적인 목표를 두어야 한다. 따라서 교회의 운영이 그 목표에서 빗나갈 때에는 소신과 신적 권위를 가지고 막아낼 수 있어야 한다. 다수의 결정이라고 해서 항상 진리인 것은 아니기 때문이다. 그러나 이러한 소신이나 권위도 단정함과 복종으로 이루어져야 하며, 또 남용 되어서도 안 된다.

교회는 성경적인 기준과 형태에 따라, 합당한 자질을 갖춘 사람들에 의해 운영되어야 한다. 이를 위해서는 모든 교인들의 의견이 효과적으로 반영되는 민주적인 방식이 되어야 한다. 그러나 다수의 의견보다 더 중요한 것은 성경의 기준을 따르고, 하나님의 영광이 드러나게 하는 것이다. 진리를 위해서는 타협하지 않는 용기가 필요하다. 하지만 이를 빌미로 권한을 남용하거나 무리한 방법을 사용하여 덕을 세우지 못한다면, 오히려 교회에 더 큰 해독이 될 수도 있다.

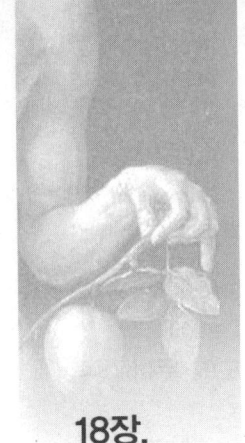

18장.
부흥의 성경적 의미와 방법은 무엇인가

"여호와여, 주는 주의 일을 이 수년 내에 부흥케 하옵소서"(합 3:2) 이것은 하박국 선지자의 기도(노래) 중 한 부분이다. 이 기도에는 성경 전체에서 유일하게 부흥이라는 단어가 등장한다. 하박국 선지자는 세상에 불의가 가득하고 악인들이 활개를 치고 있음에도 불구하고 하나님께서 침묵하고 계시는 것을 보고 분개했다. 그러나 하나님의 응답을 통해 장차 심판이 임하게 될 것을 깨닫고는, 의인은 오직 믿음으로만 살아야 될 것을 고백하면서, 포도나무의 열매, 감람나무의 소출, 밭의 식물, 외양간의 소가 없을지라도 하나님으로 인하여 기뻐하게 되었다. 그리고 하나님의 간섭으로 주의 일이 수년 내에 부흥케 될 것, 즉 솔로몬이나 다윗과 같은 때가 속히 임하여질 것을 기도했다. 그러면 부흥이란 과연 무엇인가.

1. 부흥의 의미

부흥은 히브리어로 하예후(היהו)라고 한다. 이 말은 히야(היה, 살게하다는 뜻)에서 파생된 말로 "건강이나 생명을 되살아나게 함" 또는 "회복시킴"을 의미한다. 그러므로 부흥이란 일부 사람들이 생각하고 있는 것처럼, 어떤 외면적이고 양적인 놀라운 변화나 성장이라고 하기보다 질적인 면에서 영적 생명이 본래의 모습으로 살아나는 것 또는 회복되어지는 것을 가리킨다고 할 수 있다.

2. 부흥의 필요성

사람은 본래 하나님께서 보시기에 좋은 상태로 지음을 받아 하나님과 교통하며 지냈다.(창 3:8) 그러나 사람은 하나님의 명령에 대한 불순종 때문에 하나님과의 언약을 파기하고 말았다. 그 결과 하나님의 형상을 상실하고, 진정한 지식과, 의로움과, 거룩함을 가지지 못하게 되었으며, 허탄한 데 굴복을 하면서 하나님과의 올바른 관계를 유지할 수 없게 되었다. 뿐만 아니라 죽음, 부조화, 무질서, 재난, 질병, 등의 온갖 문제점들도 안게 되었다. 사람 때문에 자연계도 허탄함에 굴복되어 땅은 박토가 되고 가시와 엉경퀴가 생겨나게 되었고, 탄식하며 지내는 형편에 이르렀다.(롬 8:22)

이것은 사람이나 자연이 본래의 모습이나 위치를 온전히 유지하지 못하게 되었음을 의미한다. 그러기에 사람이나 자연은 반드시 부흥되어야 할 필요성을 가지고 있다.

3. 부흥의 방법

부흥의 필요성은 죄 때문에 생겨났다. 따라서 부흥의 방법은 여러 가지 행사를 벌리거나 구호를 외치는 방법이 아니라, 오직 죄를 없애는 것 그래서 새사람이 되는 방법뿐이다. 죄는 하나님의 은혜를 통해서만 사함을 받을 수 있다. 그러나 하나님의 은혜는 회개라는 수단을 통해 임하여진다. 그러므로 부흥은 회개로부터 시작된다고 할 수 있다.

회개는 사람을 새롭게 하고, 하나님과의 관계를 정상으로 회복시켜 성령의 충만함을 가능케 한다. 하나님께서 함께 하시고 성령의 충만함이 있으면, 주님께서 "이 모든 것"(마 5:33)이라고 말씀하셨던 것, 즉 우리가 기대하는 능력의 행사나 양적 증가나 이 세상적인 것 등은 자동적으로 해결이 된다. 이것이 바로 놀라운 부흥의 현실화이다.

4. 부흥의 구체적 사례들

우리의 주목을 끄는 대표적인 부흥의 사례들을 성경과 복음의 역사 속에서 살펴보면, 각각 다음과 같은 경우들을 열거해 볼 수 있다.

1) 성경적 증거

1. 아담 : 범죄 후 하나님께서 입혀주신 가죽옷으로 수치를 가리고 생명을 유지했다.
   이것은 그리스도를 통한 구속, 즉 죄사함을 통한 부흥을 상징한 것이었다. (창 3:21)

2. 가인 : 동생을 죽인 후 "죄가 문에 엎드"려지도록 했다면(제물을 드리며 회개를 했다면) 그는 회복될 가능성을 가지고 있었다.(창 4:7)
3. 욥 : 자신의 결백을 변명하던 태도를 버리고 티끌과 재 가운데서 회개하고 나서야(욥 42:6), 갑절의 복을 받았다.(42:10)
4. 야곱 : 얍복강 건너편에서 날이 새도록 씨름한 이후에, 이스라엘이란 이름을 가지게 되었다.(창 32:25,28)
5. 사무엘 : 미스바에서 금식을 선포하고 백성들과 함께 "여호와께 범죄하였나이다" 함으로써, 사사시대 이후의 참상을 벗어나게 했다.(삼상 7:6)
6. 다윗 : 침상과 요를 적시는 눈물의 회개 이후에, 더욱 하나님의 마음에 합한 자되어 하나님의 뜻을 이루는 자가 되었다.(시 6:6)
7. 요시야 : 성전을 수리하다 발견한 율법 책을 읽고 회개하여, 전무후무하게 모세의 율법을 온전히 준행하는 자가 되었다.(왕하 23:25)
8. 예레미야 : 악에서 돌이켜야 포로생활을 마치고 옛날을 회복하게 될 것을 예언했다.(렘 25:5)
9. 요엘 : 애통하고 마음을 찢을 때에, 남녀 종들에게 성령이 물 붓듯 부어질 것을 예언했다.(욜 2:12,13)
10. 에스라 : 아하와 강가에서의 금식 이후에, 회복케 하시는 하나님의 응낙을 받았다.(스 8:23)
11. 느헤미야 : 백성들이 말씀대로 이방 여인들을 돌려보냄으로써(회개하고), 52일 만에 성곽과 성전의 수축을 완성했다.(느

5:12, 6:15)

12. 세례 요한 : "회개하라 천국이 가까왔느니라."(마 3:2)

13. 예수님 : "너희는 먼저 그의 나라와 그의 의를 구하라."(마 6:33)

14. 오순절 : "마음을 같이하여 전혀 기도에 힘쓰니라." (행 1:14)

15. 베드로 : "회개하여 죄 사함을 받으라. 그리하면 성령을 선물로 받으리니"(행 2:38)

16. 바울 : 다메섹 도상의 회개 체험으로 능력 있는 사도의 사역을 감당했다.(행 9:22)

17. 에베소, 버가모, 두아디라, 사대, 라오디게아 교회 : 회개하여야 생명나무의 과실을 먹고, 흰 돌에 새 이름이 기록되고, 새벽별을 받고, 흰 옷을 입고 하나님과 천사들 앞에서 시인을 받고, 하나님의 보좌에 앉게 된다.(계 2:5, 16, 21, 3:3, 19)

2) 역사적 증거

1. 키프리아누스 : 박해 때 피신을 회개하고 순교함으로 초대교회의 기초를 견고하게 했다.

2. 터툴리아누스 : 교회 갱신(회개)운동으로 교회를 바로 세우고 건전한 신학의 기초를 닦았다.

3. 어거스틴 : 젊은 날의 방탕함을 회개함으로 성자(聖者)와 신학의 아버지가 되었다.

4. 루터 : 벼락과 함께 회개를 경험하고 독일의 종교개혁을 완수했다.

5. 존 낙스 : 회개 운동으로 스코틀랜드 교회의 개혁과 장로교회의 출발을 가능하게 했다.

6. 요나단 에드워드 : 회개 체험으로 진정한 목회자가 되었고, 미국의 대각성 운동을 주도했다.
7. 요한 웨슬레 : 회개운동과 엄격한 경건생활로 영국의 부흥을 가져왔다.
8. 아브라함 카이퍼 : 회개 이후에 네델란드의 신학적, 신앙적 부흥을 일궈냈다.
9. 1907년의 한국 : 하디(R. A. Hardie) 선교사의 회개로부터 시작된 회개 운동과 새벽기도운동이 세계 역사에서도 보기 드문 이적적인 부흥의 결과를 만들어냈다.

5. 부흥의 결과

부흥으로 말미암아 영적 생명이 본래의 모습으로 회복되어지면, 사람은 하나님과의 정상적 관계를 유지할 수 있게 된다. 정상적 관계란, 하나님의 형상을 회복하는 것이라고도 할 수 있는 것으로 1) 참 지식과 의로움과 거룩함에 이르게 되는 것 2) 하나님과 막힘이 없는 영적 교통을 하게 되는 것 3) 피조세계에서 진정한 문화적 사명을 담당하게 되는 것을 말한다. 이러한 상태에 이른 사람은 그 안에 성령께서 내주하고 계시는 새로운 피조물이라고 불려진다.

성령께서 내주하시면서 온전하게 다스리시게 되면 성령 충만의 상태에 이르게 된다. 성령의 충만이란, 이적적인 현상을 경험하는 것이라기보다 도덕적인 변화, 즉 죄를 멀리하고 그리스도를 닮아서 거룩의 장성한 분량에 이르는 것을 의미한다. 이적적인 현상은 악령들도 생겨나게 할 수 있다. 그러므로 신기한 현상에만 주의를 집중하는 것은 매우 위험스러운 결과에 빠지기 쉽다. 악령은 이적적인 현상으로 죄를 범하게 할 뿐, 결코 죄를 멀리하고 거룩함에 이르게 하지는 못한다. 죄를 멀리하고 거룩함에 이르게 하는 것은 오직 성령께서만 부흥을 체험하는 사람들 속에서 하실 수 있는 일이다.

그러나 성령께서는 때때로 부흥을 경험하는 사람들에게 이적적인 영적 현상들을 체험하게 하시기도 한다. 그러므로 고린도전서 등에 언급된 영적 은사들을 체험하기 원하는 사람은 회개를 통한 부흥부터 먼저 경험해야 한다. 부흥의 결과로 체험하는 은사만이 진정한 성령의 은사가 될 수 있기 때문이다.

이러한 결과들은 부흥을 경험하는 사람 자신을 만족하게 할 뿐만 아니라, 주변 사람들에게도 깊은 인상과 감동을 불러일으키게 된다. 그래서 그 사람이 하는 말에 힘이 생기고, 그 사람 주변에 많은 사람들이 모여들게 된다. 따라서 개인의 내면적이고 영적인 부흥은 자연스럽게 외면적, 양적인 변화까지를 수반하게 된다. 사도행전은 초대교회의 부흥이 바로 이러한 결과이었음을 분명하게 밝혀놓았다. "하나님을 찬미하며 또 온 백성에게 칭송을 받으니 주께서 구원받는 사람을 날마다 더하게 하시니라."(행 2:47)

하박국 선지자가 기도했던 부흥은 이 시대의 우리들에게도 반드시 필요하다. 우리는 현실에 안주할 것이 아니라 부흥에 목말라야 한다. 특히 100년 전 한국 땅에 허락하셨던 부흥을 기념하는 우리들은 기념에서 끝낼 것이 아니라 그 부흥을 다시 오늘에 재현시켜야 한다. 위대한 지도자나 다른 사람을 기대할 것이 아니라, 나 자신부터 회개의 눈물과 기도의 무릎을 회복하여 부흥의 기초를 삼아야 한다. 나의 작은 불씨를 서로 모아 모닥불을 이루고, 마침내 거대한 부흥의 불길을 만들어내야 한다.

제19장.
신앙생활을 잘 하려는데 왜 고난이 있는가

야곱은 애굽 왕, 바로 앞에서 자기가 살아온 120년을 돌이켜 보면서 "나의 연세가 얼마 못되니 우리 조상의 나그네 길의 세월에 미치지 못하나 험악한 세월을 보내었나이다"(창 47:9)라고 말했다. 이 땅에서는 야곱이 말한 것처럼, 의인이나 악인 할 것 없이 모든 사람들은 수없이 많은 험악한 일들을 겪으며 산다. 우리는 악인이라면 몰라도, 의인은 고난을 받지 않아야 한다고 생각하기 쉽다. 그러나 의인들도 예외 없이 참으로 견디기 어려운 고난을 당한다. 때로는 억울하게 여겨질 정도로 도저히 이해가 되지 않는 고난을 당하거나, 동일한 조건에서 악인보다 더 심한 고난을 당하기도 한다.

사람이 당하는 고난에는 다음 다섯 가지의 유형이 있다. 이제 그 내용을 통해 고난이란 무엇이며, 왜 의인이 고난을 받아야 하는가에 대해 살펴보기로 하자.

1. 형벌로서의 고난

사람에게는 본래 고난이 없었다. 하나님께서는 사람을 고난이 없는 지극히 복된 상태로 창조하셨다. 그러나 죄는 사람의 행복을 빼앗아 가고 말았다. 그래서 영적으로는 하나님과 단절이 되고, 육체적으로는 죽음을 비롯한 각종 질병과 고통을 겪게 되었다. 사람의 죄는 자연계에까지도 악한 영향을 끼쳐서 무질서와 재난이 생겨나게 했다. 그리고 인류의 역사와 함께 사람의 죄가 가중되면서 고난과 재난도 비례해서 늘어났다.

하나님께서는 죄에 대하여 반드시 그 대가를 찾으신다. 죽음 이후 영원한 지옥의 고통뿐만 아니라, 현세에서도 그에 상당한 죄 값을 치르게 된다. 그것이 바로 정신적, 육체적 고난이다. 정신적인 고난과 육체적인 고난은 동시에 나타날 수도 있고, 각각 따로 나타날 수도 있다. 그래서 정신적으로는 만족하나 육체적으로 고통을 당하기도 하고, 육체적으로는 편안하나 정신적으로 고통을 받기도 한다.

때로는 정신적, 육체적으로 아무런 고난을 받지 않는 형벌도 있다. 고난 없이 죄 가운데 내버려짐으로써, 회개할 기회를 얻지 못하는 경우가 그렇다. 그러므로 고난이 전혀 없는 것이 행복이라고만 해서는 안 된다. 고난을 통해 자극을 받아 죄에서부터 돌이켜 회개하지 못한다면, 고난의 기회가 없는 것 그 자체가 큰 형벌일 수도 있기 때문이다. 이것은 마치 바다를 항해해야 할 범선이 바람이 전혀 불지 않는 날에는 배가 항해할 동력을 얻지 못하는 것과 같다.

예수 그리스도를 믿는 사람은 믿는 그 순간에 모든 죄를 용서받고,

영생을 소유하는 하나님의 자녀가 된다. 믿는 사람은 이제 죄인이 아니라, 의인이다.(요 5:24) 믿는 사람의 죄와 그 죄에 대한 대가는 모두 그리스도께서 대신 담당하셨다.(히 9:28) 그러므로 믿는 사람은 죄에 대한 책임을 질 필요가 없어야 한다. 죄의 대가인 고난도 당하지 않아야 한다. 더욱이 보다 경건하게 살려고 하는 사람이라면, 고난과 상관조차 없어야 한다.

그럼에도 불구하고 의인들이 여전히 고난을 당하는 이유는 무엇일까. 그 이유는 다음 몇 가지로 대답이 가능하다.

2. 징계로서의 고난

의인이라도 이 땅에 살고 있는 동안은 아직 육체의 연약함과 인간의 한계를 벗지 못하고 있다. 그러기에 죄악 된 세상에 살면서 실족을 하는 일이 많다. 하나님께서는 그때마다 그 사람에게 그가 범한 죄를 깨닫게 하거나 그 죄에서 돌이키게 하기 위해서 고난을 주신다. 이것은 마치 아버지가 사랑하는 자녀의 허물을 볼 때, 징계를 아끼지 않는 것과 똑같다. 그래서 히브리서 저자는 잠언의 말씀을 인용하면서 "내 아들아 주의 징계하심을 경히 여기지 말며 그에게 꾸지람을 받을 때에 낙심하지 말라 주께서 그 사랑하시는 자를 징계하시고 그의 받으시는 아들마다 채찍질하심이니라 하였으니 너희가 참음은 징계를 받기 위함이라. 하나님이 아들과 같이 너희를 대우하시나니 어찌 아비가 징계하지 않는 아들이 있으리요"(히 12:5-7)라고 가르치셨다.

자신의 허물 때문에 고난을 당한다는 점에서만 보면, 형벌과 징계는 다를 것이 없어 보인다. 그러나 이 둘 사이에는 당사자의 신분이나 고난이 주어지는 목적에서 크나큰 차이가 있다. 형벌적 고난을 주시는 하나님은 심판주의 신분, 고난을 당하는 사람은 죄인의 신분이다. 반면, 징계와 고난을 주시는 하나님은 아버지이시며, 고난을 당하는 사람은 자녀의 신분이다. 형벌의 목적은 하나님의 공의를 만족시키기 위한, 징계는 사람의 잘못을 교정하려는 목적을 갖는다. 그러므로 하나님의 자녀가 되었으면서도 자신의 허물에 대한 징계가 없으면, 기뻐할 것이 아니라 오히려 자신이 정말 하나님의 자녀인지 아니면 하나님의 자녀로 착각을 하고 있는 사생아에 불과한지를 깊이 반성해보아야 한다.(히 12:8)

우리가 고난을 받을 때 무엇보다 먼저 해야 할 일은 내게 무슨 허물이 있는지를 먼저 생각해보는 것이다. 그리고 허물을 발견하여 회개하고 그 길에서 돌아서는 것이다. 그러면 그 고난은 사랑하는 아버지께서 주시는 무엇에도 비할 수 없는 유익으로 바꾸어진다. 고난을 당하는 그 순간에는 힘들고 고통스러워도, 그것을 참고 인내하면 마침내 의와 평강의 열매를 맺게 된다.(히 12: 11)

3. 연단으로서의 고난

성도에게는 자신에게 허물이 있어 당하는 징계로서의 고난이 아니라, 아무런 허물도 없이 고난을 당하는 경우도 있다. 불순물이 섞인 광석 속에서 정금을 얻으려면 강한 불로 제련을 해야 하는 것처럼, 하나님께서는 성도들의 더욱 성숙한 신앙을 위하여 아무런 허물이 없음에도 불구하고 고난을 주시는 경우가 있다. 이것을 연단으로서의 고난이라고 한다. 징계로서의 고난은 허물을 교정하는 데 목적이 있지만, 연단으로서의 고난은 훈련을 통한 성장에 그 목적이 있다.

사도 베드로는 이러한 고난을 "믿음의 시련"(벧전 1:7) 또는 "불 시험"(벧전 4:12)이라고 하면서, 그 목적은 "불로 연단하여도 없어질 금보다 더 귀하여 예수 그리스도의 나타나실 때에 칭찬과 영광과 존귀를 얻게 하려 함"에 있다고 말씀했다.(벧전 1:7) 욥이 까닭 없이 당했던 고난, 요셉이 애굽에서 당했던 고난, 다윗이 사울에게 쫓겨 다니면서 당했던 고난 등이 바로 이러한 고난의 예라 할 수 있다.

성도가 당하는 대부분의 고난은 징계에 해당된다. 그러나 자신에게 아무런 잘못이 없다고 생각되는 성도는 자신의 고난을 연단 받는 과정으로 생각해야 한다. 성도는 그 고난을 조금도 이상히 여기지 말고, 오히려 즐거워함으로 맞아야 한다.(벧전 4:12,13) 그리고 인내하여야 한다. 환난은 인내를, 인내는 연단을, 연단은 소망을 이루기 때문이다.(롬 5:4) 성도에게는 현재의 고난과 족히 비교할 수도 없이 큰 영광이 준비되어 있다.(롬 8:18)

4. 자원하는 고난

신앙생활이란 예수님의 말씀을 실천하는 것, 예수님을 닮아 그리스도의 장성한 분량에 이르는 것이다. 이 과정에는 적지 않은 수고와 고난이 수반된다. 이러한 고난은 성도가 주를 위해 당하는 고난(마 5:11), 또는 주님의 이름 때문에 당하는 고난이 있다.(벧전 4:14) 사도 바울께서는 이러한 고난의 유형으로 환난, 곤고, 핍박, 기근, 적신, 위험 등을 열거하셨지만,(롬 8:35) 그 이외에도 얼마든지 더 있을 수 있다.

주의 이름으로 당하는 자원적 고난의 절정은 순교이다. 스데반과 제자들의 순교, 순교를 각오한 다니엘 선지자의 풀무불과 사자 굴속에서의 고난, 사도 바울이 루스드라에서 돌에 맞아 거의 죽게 되었던 것을 비롯한 수많은 고난들은 모두 주의 이름을 위해 자원하여 당했던 고난이었다.

성도가 자원하여 당하는 고난이 세상 사람들에게는 어리석게 보일 수 있다. 그러나 주님께서는 이런 고난을 받는 자들을 위하여 하늘에 상이 마련되어 있다고 말씀하셨다. 그러므로 자원하여 고난을 당하는 사람은 복된 자라고 하시면서, 기뻐하고 즐거워하라고 하셨다.(마 5:11-12)

5. 하나님 섭리의 수단으로서의 고난

하나님께서는 고난을 당하는 사람의 의사나 조건과 관계없이 자신의 섭리 수단으로 고난을 동원하시는 경우도 있다. 바울 사도께서는 죄수의 몸으로 로마에 끌려가시던 도중에 유라굴로 광풍을 만나 두 주간 동안이나 거의 죽도록 고생을 하셨다.(행 27장) 그 고난은 사도 바울의 의사에 따른 것도 아니고, 징계나 연단을 위한 고난도 아니었다. 그것은 배에 탄 모든 사람들까지 머리카락 하나 다치지 않고 살아남으로써, 모두가 사도 바울께서 로마에서 가이사 앞에 서야 할 사람임을 보여주시기 위한 하나님의 섭리이었다.

하나님의 섭리는 오직 볼 수 있는 사람만이 볼 수 있도록 가려져 있는 경우가 많다. 하나님께서는 때때로 고난을 받게 하심으로써 섭리의 의도를 감추신다. 불신자들은 아무런 죄도 없는 의인이 고난당하는 것을 보면서 신자들을 조롱하거나 하나님을 믿으려 하지 않는다. 사도 바울과 함께 배에 탔던 사람들 중 어느 누가 폭풍 속에 가려져 있던 하나님의 선하고 깊으신 섭리의 뜻을 조금이라도 알 수 있었겠는가. 그들은 사도 바울의 설명을 들은 이후에라야 그들이 당했던 고난의 의미를 알 수 있었다.

하나님께서는 심지어 아브라함이나 야곱의 경우에서 보는 것처럼, 축복을 고난으로 위장하시기도 한다. 그러므로 우리는 성도의 고난을 단순히 고난으로만 보아서는 안 된다. 믿음의 눈을 가지고 고난 속에 있는 또 다른 하나님의 의도를 찾으려는 자세를 가져야 한다.

성도라 할지라도 이 땅에 살고 있는 동안에는 육체적, 영적 고난에서 해방을 받지 못한다. 허물이 있을 때는 아버지 되신 하나님께서 그 사랑하는 자녀에게 그 허물을 깨닫고 바르게 하기 위해 주시는 징계의 고난이 따른다. 허물이 없어도, 훈련을 통해 더욱 정금같이 단련되어 성숙한 신앙인이 되게 하시려고 하나님께서 주시는 연단의 고난을 당한다. 때로는 주의 이름 때문에 성도 스스로가 적극적으로 고난에 뛰어들기도 한다. 그리고 때로는 하나님의 섭리 수단으로 사용되는 고난에 참여하기도 한다.

그러나 성도가 받는 고난은 어떤 경우이든 유익한 결과를 위한 선한 도구들이다. 그러므로 성도는 모든 고난을 기쁨으로 받아 자신의 죄를 회개하고 끝까지 인내하게 되면, 반드시 그 고난 이후에 준비되어 있는 적절한 상을 받게 될 것이다.

제20장.
서원은 반드시 지켜야 하는가

사람들은 자신의 결백을 거짓 없이 말하려 하거나, 틀림없이 약속을 지킬 것을 보증하기 위해 맹세를 한다. 예수님 당시의 유대인 사회에는 맹세가 매우 흔한 일이었다. 어떤 사람들은 맹세를 더욱 확실히 하기 위해 하나님을 들어 맹세하기도 했다. 예수님께서는 맹세가 남용되는 것을 보시고, 모든 형태의 맹세를 금하시면서 "도무지 맹세하지 말지니 하늘로도 말라 이는 하나님의 보좌임이요 땅으로도 말라 이는 하나님의 발등상임이요 예루살렘으로도 말라 이는 큰 임금의 성임이요 네 머리로도 말라 이는 네가 한 터럭도 희고 검게 할 수 없음이라"(마 5:34-36)고 하셨다.

그러나 성경에는 사도 바울의 서원을 비롯하여 수많은 서원들이 소개되고 있다. 그렇다면 서원은 맹세와 어떻게 다르며, 우리는 서원에 대해 어떠한 자세를 가져야 하는가.

1. 서원(誓願)의 의미

서원이란 요구되어지지 않은 선행을 하나님께 엄숙하게 그리고 자발적으로 약속하는 행위이다. 여기에서의 선행이란 하나님께 자신이나 다른 사람의 몸, 특정한 예물 등을 바치는 것, 또는 특별한 행동을 약속하는 것을 말한다.

엄숙한 약속이란 점에서만 보면, 맹세와 서원은 다를 것이 없다. 맹세는 계약 당사자들이 희생 제물을 가지고 맺는 계약 같은 것이고(창 15:10,17), 종교적으로나 도덕적으로 허물이 없음을 공개적으로 서약하는 형태로서 순결을 증명하려는 맹세(민 5:11-31), 법정에 내놓은 증거부족을 보충하기 위한 법률적 맹세(출 22:10,11), 사업상의 맹세(왕상 2:43), 충성을 다짐하는 맹세(전 8:2)들로 나누어 볼 수 있다. 따라서 맹세는 주로 사람을 상대로 한 약속인 반면, 서원은 하나님께 드리는 약속이다. 그리고 맹세는 강요받을 수 있는 것이지만, 서원은 항상 자원하여 이루어진다는 점에서 서로 구별 된다.

2. 서원의 동기

사람이 서원을 하게 되는 동기는 보통 다음과 같은 두 가지 이유에서 이다. 첫째, 하나님의 특별한 은혜나 도움을 받기 원하는 경우이다. 하란으로 가던 도중 광야에서 밤에 사닥다리를 오르내리는 여호와의 사자를 만난 후, 여행길에서 무사히 돌아오게 하시면 여호와로 자기의 하나님을 삼고 그곳에 하나님의 전을 지으며 모든 소득의 십일조를 드리겠다고 한 야곱의 서원(창 28:20-22), 암몬 자손과의 싸움에서 이겨 평안히 집으로 돌아오게 하시면 자기를 영접하는 자를 여호와께 번제로 드리겠다고 한 입다의 서원(삿 11:30), 성전에 올라가서 아들을 주시면 그 아들을 평생 여호와께 드리고 그 머리에 삭도를 대지 않겠다고 한 한나의 서원(삼상 1:11), 예루살렘으로 돌아가게 하시면 여호와를 섬기겠다고 한 압살롬의 서원(삼하 15:8) 등이 이러한 동기에서 나왔다.

둘째는 하나님께로부터 받은 은혜에 대한 감사나 특별한 헌신을 서원하는 경우이다. 평생 동안 구별된 삶을 약속한 삼손(삿 13:5)과 사무엘의 서원(삼상 1:11), 여호와의 성막을 발견하기까지는 침상에 오르거나 잠을 자지 않겠다고 한 다윗의 서원(시 132:2-5), 집안 전체가 대대로 포도주를 마시지 않겠다고 한 레갑 자손들의 서원(렘 35:6), 포도주나 소주를 마시지 않고 메뚜기와 석청을 먹었던 세례 요한의 서원(눅 1:15), 겐그레아에서 머리를 깎았던 바울의 서원(행 18:18) 등이 그러하다.

둘째 유형의 서원은 나실인들에게서 두드러지게 나타난다. 나실인, 즉 하나님께 특별한 서원을 한 남자나 여자는 반드시 하나님께서 모세를 통해 주신 명령을 따라서 구별된 생활을 해야 했다.(민수기 6:1-12) 포도 열매로 만든 음식이나 음료를 먹지 않는 것, 머리카락을 자르지 않고 길게 자라게 하는 것, 부모와 형제자매가 죽은 경우에라도 시체를 가까이 하지 않는 것, 부정하게 여기는 음식을 먹지 않는 것(행 10:14, 레 11장 참조) 등의 구별된 생활을 통하여 세속적인 것은 멀리하고 오직 하나님께만 헌신하는 것을 나타내는 행위이다.

3. 서원의 기간

서원은 평생 동안 계속되는 경우와 일정한 기간을 정하여 드려지는 경우가 있다. 삼손과 사무엘은 평생 동안 서원을 지켰다. 레갑 자손들은 대대로 서원을 지켰다. 그러나 사도 바울은 일정한 기간 동안만 서원을 지켰고, 입다의 서원은 딸을 번제로 드리는 순간으로 지켜졌다.

특별한 기간을 정하지 않고 서원을 하면, 그 서원은 보통 30일 동안의 서원을 의미했다. 만일 서원의 기간을 연장하려 할 때에는 30일 만에 삭발을 하고, 다시금 30일 동안의 서원을 계속했다. 때로는 100일 동안의 서원도 있었고, 몇 세에서 몇 세까지 또는 이곳에서부터 저곳에 도착하기까지 식의 서원도 있었다. 이 경우에는 7년 이상 긴 기간 동안의 서원도 있다. 서원 기간 동안에 서원의 내용을 어기면 그 서원은 무효가 되었고, 처음부터 다시 시작해야 했다.

4. 서원의 이행

서원은 강요가 아닌 자발적인 약속이다. 그러므로 서원을 하지 않는다 해도 전혀 잘못될 것이 없다. 서원은 즉흥적 판단이나 감정에 따라 함부로 할 일이 아니다. 서원을 하기 전에는 반드시 신중한 자세로 기도하며 준비해야 한다. 그러나 한번 서원한 것은 그 내용이 어떠한 것이든 반드시 지켜야 한다.(신 23:21-23, 전 5:4) 심지어 지난날 한번 마음에 서원 했던 것이 지금에 와서는 비록 자신에게 해가 될지라도 하나님께 드린 서원은 반드시 지켜야 한다.(시 15:4) 그래서 전도자는 말하기를, "서원하고 갚지 아니하는 것보다 차라리 서원을 하지 아니하는 것이 더 낫다"고 했고,(전 5:5) 잠언의 저자는 "함부로 이 물건을 거룩하다 하여 서원하고 그 후에 살피면 그것이 그물이 되느니라"고 했다.(잠 20:25)

서원을 하고 그것을 지키지 않거나, 미루려고 하거나, 다른 방법으로 대신하려고 하는 것은 죄가 된다. 하나님의 이름과 영광을 크게 훼손하기 때문이다. 하나님께서는 서원자가 자신이 서원한 것을 반드시 이루도록 요구 하신다.(신 23:21) 민 30:2에서는 서원은 "마음을 제어한다"고 표현했는데, 이 말은 본래 서원을 지키지 못하면 생명을 잃게 될 것을 뜻하는 말이다. 그러므로 서원은 생명을 걸고 반드시 지켜야 한다.

예수님께서는 서원의 의무를 지키는 것에 대해 부정적으로 비쳐지는 말씀을 하신 일이 있다.(막 7:7-13) 그러나 예수님의 말씀은 서원 이행 그 자체를 부정하신 것이 아니라, 당시의 유대인들이 부모에 대한 의무를 게을리 하기 위해 하나님께 드린다는 서원(유대인들은 이것을 고르반이라고 불렀다)을 악용하던 사실을 지적하신 것이었다. 즉, 예수님께서는 사람의 왜곡된 유전으로 하나님의 말씀을 폐할 수는 없다는 점을 교훈하신 것이다.

포도주나 독주를 마시지 않거나 채식만 하기로 하는 등 특별히 성별된 생활을 하기로 한 서원, 소원하는 것이 이루어지기까지는 음식을 먹지 않겠다는 서원, 헌금이나 몸이나 시간을 바치겠다는 등의 서원, 목회자가 되거나 특별한 사명을 위해 헌신을 하겠다는 서원 등, 하나님 앞에 엄숙하게 맺은 모든 서원들은 반드시 지켜야 한다.

그러나 지키지 않아도 되는 서원은 다음과 같은 예외가 있다.

5. 서원의 취소와 대치(代置)

민수기 30장에는 서원의 취소가 가능한 사례들이 나와 있다. 첫째는 어린 여자가 아버지 집에 있을 때 서원을 하였으나, 아버지가 그 서원 사실을 알고 허락지 않는 경우이고(30:5), 둘째는 미혼 여자가 결혼 전에 서원을 하였으나, 결혼한 남편이 그 사실을 알고 허락지 않는 경우(30:8), 셋째는 남편이 있는 아내가 서원을 하였으나, 남편이 그 서원을 허락지 않는 경우이다.(30:12)

서원의 취소는 가장(家長)으로부터의 구속을 받지 않는 과부나 이혼 당한 여자를 제외한 여자들의 경우에서만 가능한 것으로 되어 있다. 이것은 여성의 차별화가 아니라 하나님께서는 아버지나 남편으로 대변되는 가장이 영적 권위를 가지고 집안의 영적 관리자가 되게 하셨기 때문에, 이런 예외를 허락하셨다. 가장의 영향력 아래 여자들의 서원이 취소되게 한 것은 우리와 하나님과의 관계가, 신랑으로 비유되는 예수 그리스도에 의해서 맺고, 풀리고, 다스려져야 할 것에 대한 그림자적 예표이기도 하다.

한편, 레위기 11:2-9에는 하나님께 아주 바친 경우가 아닐 때 서원을 대체해서 이행하는 방법이 나와 있다. 사람을 하나님께 드리기로 한 서원에 대해 20-60세 남자는 은 50세겔, 여자는 은 30세겔, 5-20세 남자는 은 10세겔, 같은 나이의 여자는 은 3세겔, 60세 이상 남자는 은 15세겔, 같은 나이의 여자는 은 10세겔, 매우 가난한 사람은 그 형편대로 돈으로 계산하여 대신 갚도록 했다. 또 생축을 드리기로 서원하였으나 그 생축이 부정하여 하나님께 드리지 못할 경우, 그리고 부동산의 경우에도 각각 그것에 해당하는 값으로 대신하여 서원을 갚도록 했다.(9-25) 그러나 이것은 서원의 취소가 아니라, 서원 이행 방법을 바꾼 것이다.

아무나 서원을 하지는 않는다. 누구보다도 더욱 경건하게 살아보려고 하는 사람이나 하나님께 특별한 소원을 가진 사람이 주로 서원을 한다. 그러나 서원은 실수나 즉흥적으로 해서는 안 된다. 서원을 하기 전에 많은 준비와 기도가 있어야 한다. 가장(家長) 또는 가장처럼 의지할 수 있는 영적 지도자와 상담해 볼 필요가 있다. 그리고 한번 하나님께 드린 서원은 비록 상황이 바뀌고, 서원자 자신에게 해가 되더라도 반드시 지킴으로써, 하나님의 영광과 이름에 손상이 가지 않도록 해야 한다.

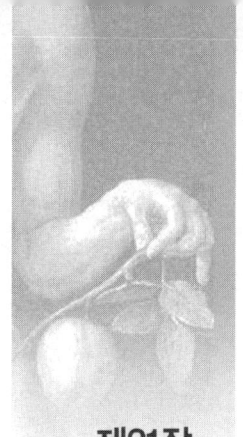

제21장.
온전한 십일조란 어떤 것인가

성도의 생활은 무엇보다도 감사하는 생활로 특징지어진다. 성도는 구원의 은혜와 일상생활에서 베푸시는 하나님의 은혜로 인해 범사가 감사의 내용이 된다. 마음속에서 느껴지는 감사는 보통 몸을 드리는 것과 물질을 드리는 것을 통해 밖으로 표현이 된다. 물질을 드리는 것의 대표적인 것은 십일조이다. 그래서 성도들은 당연히 십일조 생활을 해야 하는 것으로 안다. 그러나 온전한 십일조의 액수를 정하는 과정에 있어서는 모든 수입의 십일조를 드릴 것인가, 필요경비를 제외한 순수입의 십일조를 드릴 것인가, 손해를 보는 경우에도 십일조를 해야 하는가 하는 등의 여러 가지 관련된 문제들로 인해 어려움을 겪을 때가 있다.

이제 무엇이 온전한 십일조인지에 대해 살펴보기로 하자.

1. 십일조의 기원

고대 이집트나 시리아를 중심한 많은 나라들에서는 국민들에게 정치적인 성격의 십일조를 요구했다. 사무엘 선지자의 예언을 보면, 이스라엘 왕들도 왕실을 유지하기 위해 국민들에게 십일조를 요구했던 것으로 보인다.(삼상 8:15,17) 지금 현재에도 한국을 비롯하여 세계의 여러 나라들은 부가가치세 등과 같은 정치적 세금 형태의 십일조를 여전히 국민들에게 부과하고 있다. 그러나 하나님께서 명령하고 있는 십일조란, 재산이나 소득의 십분의 일을 종교 기관이나 종교적 목적을 위해, 또는 기업(재산이나 직업)이 없는 레위인(목회자)들을 부양하기 위해 바치는 것을 의미한다.

십일조에 관한 규정은 광야에 머물고 있던 모세와 이스라엘 백성들에게 주어진 여러 하나님의 계명들과 함께 처음으로 등장한다.(민수기 18장과 레위기 27장) 그리고 가나안을 눈앞에 둔 여리고 맞은편에서 다시 한 번 십일조에 대한 계명이 반복된다.(신명기 14, 26장) 하지만 십일조 제도는 이미 오래 전부터 시행되고 있었다. 아브라함은 전쟁에서 노획한 전리품 중에서 십분의 일을 제사장 되신 예수 그리스도를 예표 하는 사람인(히 7:1) 살렘 왕 멜기세덱에게 드렸다.(창 14:20) 이 전통에 따라 야곱도 벧엘에서, 모든 소득의 십분의 일을 하나님께 드릴 것을 서약했다.(창 28:22)

십일조는 신약 시대에도 계속되었다. 예수님께서는 십일조 제도가 하나님께 대한 사랑과 무관하게 행해지는 것을 안타까워하시면서, "이것도 행하고 저것도 버리지 아니하여야 할지니라"(눅 11:42)고 말씀하셨다. 이것은 십일조 제도가 하나님께 대한 사랑과 함께 지켜져야 할 것을 가르치신 것이다. 그러나 죄로 어두워진 사람들은 심지어 우상에게까지 십일조를 바쳤다.(암 4:4) 또 부패한 대제사장의 탐욕 때문에 가난해진 제사장들이 백성들에게서 강제로 십일조를 강탈하는 모습들을 보시며 예수님께서는 "뱀들아, 독사의 새끼들아, 너희가 어떻게 지옥의 판결을 피하겠느냐"(마 23:23, 33 참조)라고 책망하셨다.

초대교회 이후부터는 "너희 전대에 금이나 은이나 동이나 가지지 말고 여행을 위하여 주머니나 두 벌 옷이나 신이나 지팡이를 가지지 말라. 이는 일군이 저 먹는 것을 받는 것이 마땅함이니라"(마 10:9-10), 또, "일군이 그 삯을 받는 것이 마땅하니라"(눅 10:7), 그리고 "누가 자비량 하고 병정을 다니겠느냐, 누가 포도를 심고 그 실과를 먹지 않겠느냐, 누가 양떼를 기르고 그 양떼의 젖을 먹지 않겠느냐"(고전 9:7)고 하신 말씀들을 근거로 해서, 드려진 십일조를 목회자의 생활비를 충당하는 데 아무런 이의 없이 사용을 해왔다. 그러나 사도 바울의 예에서 보는 것 같이, 일부의 사람들은 자기의 생활비를 스스로 마련하기도 했다.

2. 십일조의 종류

성경에는 다음 세 가지 경우의 십일조를 바치도록 명령되어 있다. 그러나 이 세 종류의 십일조는 모두 하나님 중심으로 하나님께 드려진 것이기 때문에, 셋으로 나누어질 수 없는 성격도 가지고 있다.

1) 땅의 소산과 육축의 십일조(레 27:30-33)

모든 소유가 하나님의 것임을 표하고, 또 늘어나는 소득이 하나님의 은혜에 의한 것임을 표하는 십일조이다. 땅에서 추수한 곡식과 나무에서 수확한 열매의 기름을 하나님께 십일조로 바쳤다. 만일 이것을 속하려면, 그것의 가격에 오분의 일을 더해야 했다. 소나 양은 막대기 아래로 지나는 열 번째 것으로 십일조를 드렸다. 십일조의 성물로 정해진 소나 양은 어떠한 경우에도 다른 것으로 바꿀 수 없었다. 만일 바꾸게 되면, 둘 다 거룩하게 여겨져 일체 속할 수 없도록 했다. 이 십일조는 신 26:1-15에 나오는 첫 이삭을 드리는 명령과 동일하게 여겨질 수 있을 것이다. 그렇다면 이미 족장 시대부터 이러한 십일조가 드려졌다고 할 수 있다.

십일조는 반드시 여호와께서 그 이름을 두시려고 택하신 곳(예루살렘)에서 바치고 먹어야 했다. 따라서 행로가 멀고 어려울 경우에는 그것을 돈으로 바꾸고, 예루살렘에 가서는 그 돈으로 다시 마음에 드는 것을 구하여 바쳤다.

2) 레위인을 위한 십일조(민 18:21-32)

가나안에 들어 간 이후, 모든 지파들에게는 땅이 분배되었다. 그러나 레위인에게는 예외적으로 땅을 분배하지 않고, 전적으로 성전의 일만을 맡게 했다. 그래서 하나님께서는 다른 지파의 사람들이 십일조를 드려 레위인의 생활을 책임지도록 했다. 레위인은 땅의 소유주이시며 땅의 소산을 주시는 하나님을 대표하는 사람이다. 그러므로 이 십일조도 결국은 하나님께 드리는 십일조이다. 한편, 레위인은 자기들이 받은 십일조 중에서 다시 십분의 일을 구별하여 제사장들에게 바쳤다.

3) 가난한 자를 위한 십일조(신 14:28-29)

매 삼년 끝에 그 해 소산의 십일조를 드려 저축하였다가, 분깃이나 기업이 없는 레위인, 성중에 우거하는 고아와 과부들을 배부르게 하는 데 사용하였다. 그러나 매 삼년마다 가난한 자를 위한 별도의 십일조를 했는지, 아니면 다른 두 해의 십일조 중에서 일정량을 모아두었다가 가난한 자들을 돌보았는지는 정확히 알 수 없다.

3. 십일조의 목적

십일조의 목적은 앞에 말한 십일조의 종류에서 잘 드러난다. 하나님께서는 사람들이 가진 모든 소유물이 하나님의 자신의 것임을 깨닫게 하기 위해, 소득의 증가가 하나님의 복에 의한 것임을 깨닫게 하기 위해, 종교적인 일에만 전념하는 레위인의 생활을 유지하게 하기 위해, 그리고 소득도 돌볼 사람도 없는 가난한 사람들을 돌아보게 하기 위해 십일조를 명령하셨다. 그러나 이러한 목적들은 하나님의 사람들로 하여금 하나님의 사람답게 살도록 하기 위한 것, 즉 모든 것들이 하나님의 소유임을 확인하고 하나님의 뜻대로 소유물을 사용하게 하려는 한 가지의 목적을 가지고 있었다.

그러므로 십일조를 전혀 드리지 않거나, 온전한 십일조를 드리지 않는 것은 하나님의 것을 도적질 하는 것으로 여겨진다. 따라서 심각한 책망과 저주가 뒤따르게 된다.(말 3:8,9) 반면에, 십일조를 드리는 것은 하나님께 대한 사랑과, 하나님께서 하나님의 사람들에게 반드시 그 소유의 복을 넘치도록 주실 것임에 대한 확신을 구체적으로 실천하는 것이었다. 그래서 하나님께서는 말라기 선지자의 입을 통해 "온전한 십일조를 창고에 들여 나의 집에 양식이 있게 하고 그것으로 나를 시험하여 내가 하늘 문을 열고 너희에게 복을 쌓을 곳이 없도록 붓지 아니하나 보라"(말 3:10)고 말씀하셨다.

4. 온전한 십일조

온전한 십일조의 가장 중요한 요소는 모든 헌금의 경우에서와 마찬가지로, 액수보다는 그 정신에서 찾아져야 한다. 하나님께서 원하시는 의도가 빠진 십일조는 온전한 십일조가 될 수 없다. 십일조에는 반드시 하나님을 향한 믿음과 사랑, 베풀어 주신 복에 대한 감사, 내리신 명령에 대한 즐거운 순종이 배어 있어야 한다.

자원하는 마음으로 기쁘게 드리는 자세 또한 온전한 십일조에서 빼놓을 수 없는 요소이다. 그래서 사도 바울께서는 "인색함으로나 억지로 하지 말지니 하나님은 즐겨 내는 자를 사랑하시느니라"(고후 9:7)고 말씀하셨다.

온전한 십일조는 정해진 액수대로 하는 십일조이어야 한다. 자기 소유와 소득의 십분의 일이 그 정해진 액수이다. 그러나 현재 우리의 삶은 과거와는 달리 정해진 액수를 계산하기 어려울 때가 많다. 이런 경우에는 세금이나 공제금을 포함하여 필요 경비를 제외한 순수입의 십일조를 하면 무난할 것이다.

그러나 우리는 정해진 액수를 계산할 때, 무엇보다 먼저 우리의 모든 것이 다 하나님의 것임에 유념을 해야 한다. 십분의 일뿐만 아니라 십분의 십 전체가 하나님의 것이다. 십분의 일은 하나님께서 우리에게 요구하시는 최소한의 것에 불과하다. 그러므로 십분의 일을 계산하기 어려울 때에는 십분의 일 이상이라도 드리겠다는 넉넉한 자세를 가져야 한다. 그래서 십분의 이를 드리겠다는 목표를 가져 볼 수도 있다. 이런 자세를 갖는다면, 손해를 보는 경우라 하더라도 하나님의 것을 하나님께 드린다는 생각에서 조금도 부담을 가지지 않고 일정액의 십일조를 드릴 수 있다.

우리는 액수의 세밀한 계산은 정확한 순종의 믿음에서 나오기보다 인색함에서 비롯되는 것임을 알고 있다.

하나님께 십일조를 드리는 생활은 복을 받기 위한 조건이라기보다, 성도가 해야 할 마땅한 본분이다. 성도는 십일조를 통해 자신이 가진 모든 것의 주인이 하나님이시라는 믿음을 확인하고, 하나님께 감사를 드리며, 이웃에 대한 관심을 나타내야 한다. 그리고 자원하는 즐거운 마음으로, 정해진 액수의 온전한 십일조를 드림으로써, 예수님을 기쁘시게 했던 과부의 두 렙돈 같은 십일조가 되게 해야 한다. 우리는 십일조가 어떻게 사용되는가에 대한 관심으로 자신의 역할을 계산하기에 앞서서, 하나님의 것을 마땅히 하나님께 드린다는 생각을 가져야 한다. 십일조를 드린 사람에게 쌓을 곳이 없도록 복을 주시지 아니 하시는가 시험하여 보라고 하시니, 어찌 십일조 생활을 주저할 수 있겠는가!

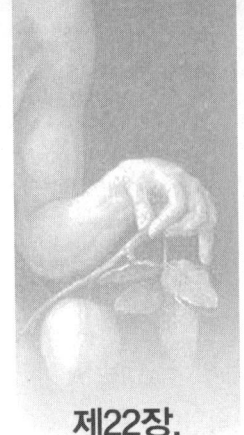

제22장.
주일 성수의 기준은 무엇인가

십계명에는 "안식일을 기억하여 거룩히 지키라"는 명령이 들어있다. 구약성경에는 안식일을 지키는 구체적인 기준이 제시되어 있다. 이 기준을 어기는 사람에게는 돌로 쳐서 죽이는 매우 엄격한 벌이 뒤따랐다. 우리는 안식일에 관한 계명의 정신을 주일에 그대로 적용한다. 주일은 안식일이 변경되어진 것이기 때문이다.

그러면 주일을 지키는 기본 정신은 무엇이며, 주일에 해야 할 일과 하지 말아야 할 일은 어떤 것인지 알아보기로 하자.

1. 주일의 의미

성도들은 일요일을 주일이라고 부른다. 주일이란 '주의 날(Lord's

Day)'을 가리키는 말이다. 이 말은 사도 요한께서 "주의 날"(계 1:10)에 큰 음성을 들었다고 한 말씀에서부터 비롯되었다. 구약에서는 주일을 "여호와의 날"(사 13:6,9, 겔 30:3, 욜 1:15, 말 4:5, 이 말은 무서운 심판이 임할 어느 날을 의미하기도 했다), "여호와의 거룩한 날"(사 58:13)이라고도 불렀고, 신약에서는 "그 날"(마 7:22), "주 예수의 날"(고후 1:14), "그리스도의 날"(빌 1:6,10), "주 예수 그리스도의 날"(고전 1:8, 5:5), "안식 후 첫 날"(마 28:1, 행 20:7), "매주일 첫 날"(고전 16:2)이라고도 불렀다. 지금 우리는 주일이라는 말을 흔히 주님께서 정하신 날, 주님께서 부활하신 날, 주님을 위하여 사는 날이라는 뜻으로 사용하고 있다.

2. 주일과 안식일

1) 안식일의 유래

주일의 기원이 되는 안식일은 두 가지의 배경을 가지고 있다.

첫째, 안식일은 천지를 창조하신 하나님께서 일곱째 날을 복주시고 거룩하게 하시며 안식 하셨던 날이다.(창 2:2-3) 따라서 안식일은 사람들도 하나님께서 친히 보여주신 창조의 규범에 따라서 일곱 번째 날에 휴식을 취하는 것이다. 이 사실에 대해 출 20:8-11은 "안식일을 기억하여 거룩히 지키라.... 이는 엿새 동안에 나 여호와가 하늘과 땅과 바다와 그 가운데 모든 것을 만들고 제칠 일에 쉬었음이라. 그러므로 나 여호와가 안식일을 복되게 하여 그 날을 거룩하게 하였느니라"고 한다. 이것은 하나님께서 육체를 가진 사람들이나 짐승들을 창조하시면서 그들로 하여금 휴식을 통해 피로를 회복하게 하도록 배려한 날이었음을 의미한다.(출 23:12) 창세기의 창조 기록에는 안식일을 지키라는 계명이 없다. 그렇지만 휴식이 필요 없으신 하나님께서 친히 안식하는 모범을 보이심으로써, 사람에게 안식일 지킬 것을 무언중에 교훈하셨다. 그리고 광야에서 모세를 통해 이 사실을 언약으로 재확인하셨다.

둘째, 안식일은 이스라엘 백성들이 애굽에서 구원을 받은 후에, 구원받은 기념일을 감사함으로 지켰던 날이다.(신 5:12-15) 안식일에는 마치 유월절이나 무교절처럼 여호와의 절기인 성회로 모여서 감사의 즐거운 찬송을 불렀다.(레 23:3) 따라서 안식일을 지키는 것은 자신이 대대로 하나님의 선민임을 분명하게 구분하여 그 표징(表徵)을 드러내는 것이며(출 31:13), 죄를 용서받고 하나님의 복에 참여하였음을 나타내는 것이다.(레 23:32) 이 때문에 안식일은 그리스도 안에서 맞게 될 영원한 안식을 바라보게 하는 의미를 가지기도 한다.(히 4:8-9) 이러한 관점에서 이사야와 에스겔 선지자는 장차 그리스도 안에서 안식일이 회복될 것이라고 예언하기도 했다.(사 66:23, 겔 46:3)

이처럼 사람은 하나님의 피조물 자격으로 뿐만 아니라, 구원받은 백성으로서 안식일을 지키게 된다. 그런데 안식일의 창조 규범적 배경을 밝히고 있는 출 20:8-11의 계명은 "나는 너를 애굽 땅, 종 되었던 집에서 인도하여 낸 너희 하나님 여호와라"(2절)라는 구원 사실을 먼저 전제하면서, 구원 기념일의 안식일과 서로 연결을 시키고 있다. 따라서 창조적 규범과 구원기념이라는 안식일의 이 두 배경은 서로 별개가 아니라, 상호보완적인 성격을 가지고 있다고 할 수 있다.

이러한 안식일의 전통은 신약시대에까지 이어졌다. 그러나 유대인들은 안식일을 율법주의적 전통으로 만들어서, 그 정신보다는 형식에 치우쳤다. 예수님께서는 율법주의적 전통에 맞서, 안식일의 주인은 율법적 형식이 아니라 사람임을 분명히 하셨다.(막 2:27) 그리고 안식일에도 자비를 베푸시고(마 12:1-14), 병자를 침대로 옮기는 것을 허용하시고(요 5:10), 병을 고치시고(막 3:2), 밀 이삭 잘라먹는 것을 용납하시고(마 12:1-2), 알맞은 거리의 이동도 하시면서(행 1:12) 진정한 의미의 안식일을 지키도록 가르쳐주셨다.

2) 안식일에서 주일로의 변경

예수님의 부활 이후, 초대 교회의 성도들은 안식일의 진정한 의미를 예수님께서 부활하신 날인 안식 후 첫 날, 즉 주일에서 찾았다. 주일은 우리의 속죄와 구원을 가능하게 한 예수님의 부활이 있던 날이기에, 하나님께서 안식일을 지키라 하신 진정한 의미를 가장 잘 살려낼 수 있다. 그래서 그들은 목숨을 걸고, 안식 후 첫 날에 모여 떡을 떼기 시작했다.(행 13:14, 42, 44, 17:2, 18:14)

그러므로 신약 성도들에게 있어서의 주일은 쉰다는 안식의 의미보다, 구원받은 은혜를 감사하고 찬송하는 예배와 주님께 봉사를 한다는 의미가 더 강조되었다. 주일에 세속적인 일을 하지 않고 쉰다는 소극적인 자세보다, 하나님을 향한 영적인 일을 한다는 적극적인 자세를 갖는 것은 매우 당연한 일이라 할 수 있다. 하나님께서 쉬셨던 일곱째 날은 여섯째 날에 지음을 받았던 사람이 자신의 지음 받은 본분에 따라서 하나님께 영광을 돌려드리는 첫 일을 한 날이었기 때문이다.

초대교회 안에서 한동안 할례와 세례가 동시에 행해졌던 것처럼, 안식일과 주일도 동시에 지켜졌다. 그러나 점차 안식 후 첫 날로, 즉 주일을 지키게 되었다. 이런 관례는 유대지역 밖으로까지 확산되었다. 그래서 사도 바울께서는 갈라디아 교회와 고린도 교회에도 매주일 첫 날에 모일 것을 명령했다.(고전 16:2) 2세기의 지도자 익나티우스가 "신약교회는 이미 안식일을 위해서가 아니라 주일을 위해서 생활한다"고 말한 것을 보면, 주일을 지키는 것이 초대교회의 보편적인 현상이었음을 알 수 있다.

신약 성경에 주일을 지키라는 명령은 나오지 않는다. 오히려 사도들께서는 안식일에 회당에 들어갔다고 되어있다. 그러나 사도들께서 안식일에 회당에 들어가신 것은 유대인의 안식일을 지키기 위해서가 아니었다. 그곳에 모인 유대인들에게 그리스도의 부활을 전하기 위한 것이었다.(행 13:14-41, 18:4) 예수님이나 사도들께서는 주일을 지킬 것을 구체적으로는 말씀하지 않으신 것이 사실이다. 하지만 하나님께서 창조의 일곱째 날에 하셨던 것처럼, 그들은 친히 행동으로 모범을 보이면서 주일을 지킬 것을 말없이 명령하셨다. 그러므로 그리스도의 교회들이 지금까지 주일을 지켜오는 것은 매우 합당한 일이다.

3. 주일에 해야 할 일

주일을 성수하기 위해 해야 할 일과 하지 말아야 할 일은 구체적으로 어떤 일들인가. 이 물음에 대한 해답은 앞에서 말한 주일의 유래, 그리고 사람이 주일을 위해 있는 것이 아니라 주일이 사람을 위해 있다고 하신 예수님의 말씀에서 찾아야 한다.

주일에는 무엇보다 우선해서 천지를 창조하신 하나님을 찬송하고, 구원해 주신 은혜에 대한 감사를 표하는 일을 해야 한다. 이러한 일은 예배를 통해 이루어진다. 그러므로 주일에 가장 중요한 일은 예배하는 일이다. 하나님께서는 이 사실을 교육하시기 위해서, 매 안식일마다 일 년 되고 흠 없는 숫양 둘과 고운 가루 에바 십 분지 이에 기름 섞은 소제와 그 전제를 드리게 하셨고(민 28:9) 고운 가루 십 분지 이로 떡 열둘을 구워 진설을 하도록 명령하셨다.(레 24:8)

주일에는 예배 이외에도 구속주이신 하나님과 관련된 일들을 해야 한다. 구원의 도리를 전하고 가르치는 일, 예배나 전도와 관련된 청소, 기계동작, 찬양연습, 식당봉사, 차량봉사, 등의 일은 주일에 해야 할 일들이다.

한편, 주일은 사람을 위하여 있는 날이다.(막 2:27) 그러므로 음식을 먹거나 몸을 씻는 일처럼 사람이 살아가는 데 꼭 필요한 일, 긴급 환자를 돌보거나 갑작스런 재난에 대처하는 일처럼 부득이 하거나 긴급한 일은 주일에도 해야 한다. 그리고 예수님께서 친히 모범으로 보여주셨던 것과 같이 이웃에게 자비와 긍휼을 베푸는 일, 즉 병자나 가난한 사람을 돌아보는 일도 해야 한다. 그러나 이러한 일들이 예배하는 일보다 우선할 수는 없다. 그러므로 만일 사람을 위한 일이 하나님을 예배하는 일에 방해가 된다면, 차라리 그 일을 포기하거나 다른 날로 미루는 것이 좋을 것이다.

4. 주일에 하지 말아야 할 일

주일에는 세속적인 일은 하지 말고 쉬어야 한다. 하나님께서는 종이나 나그네를 포함한 모든 사람들과 짐승이 아무 일도 하지 말라고 하셨다.(출 20:10) 밭을 갈거나 추수를 하는 도중이라도 그 일을 중단하고 쉬어야 했다.(출 34:21) 심지어는 불도 피우지 말아야 했다.(출 35:3) 이것을 어기는 사람은 죽임을 당했다. 이것은 단지 육체의 휴식만을 위한 것이 아니라, 신령한 일을 적극 도모하기 위한 조치였다.

그러므로 주일에는 육체적이고 세속적인 기쁨이나 유익을 좇는 일은 하지 말아야 한다. 오락, 유흥, 관광여행, 쇼핑 등은 삼가 해야 할 일들이다. 또 다른 사람들로 하여금 일하게 하는 것도 하지 말아야 한다. 따라서 주일에는 돈을 사용하는 것도 금해야 한다. 다만 예배에 참석하기 위해 교통비를 지불하거나, 사람의 생명을 위해 음식을 대접하는 일처럼 주일의 목적에 부합하는 일은 예외일 수 있다. 하지만 그것마저도 가급적 피할 수 있는 방법들이 먼저 시도되어야 한다.

주일은 육체적 휴식과 함께 구원받은 은혜를 감사하며 지내기 위해, 하나님께서 창조 때부터 몸소 실천을 통해 보여주시고, 모세를 통해 구체적으로 명령을 하신 제도이다. 그러므로 주일은 하나님께서 정하신 복되고 거룩한 날이다. 주일을 지키는 것은 성도의 마땅한 의무이다. 그리고 성도는 주일을 지켜 자신이 하나님의 백성임을 드러내야 한다. 우리는 주일을 성수하기 위하여 주일에 해야 할 일과 하지 말아야 할 일을 잘 분별하고, 주일을 위해 한 주간을 미리 준비하며 살아야 한다. 그리고 하나님께서 주일을 정하신 근본정신과는 달리, 예수님께 책망을 받았던 과거 형식적인 율법주의자들의 오류에 또다시 빠져들지 않도록 주의를 해야 한다.

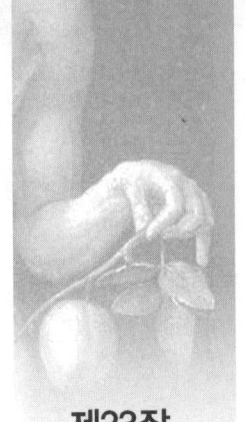

제23장.
제사는 우상숭배인가

　우리나라에 기독교가 처음 전해지던 때, 성도들은 많은 핍박을 받아야 했다. 핍박의 이유는 많았으나, 그 중에서도 가장 큰 이유는 전통적으로 이어 내려온 효행 실천을 부정한다는 것이었다. 성도들은 그토록 많이 행해오던 조상을 섬기는 온갖 제사나 성묘 때에 절하기를 거부하였기 때문이다. 이러한 전통은 지금까지도 계속 이어지면서 성도들을 어렵게 만들고 있다. 그래서 일부에서는 적절한 타협점을 모색해 보려는 시도를 제시하기도 한다.
　이제 우상숭배가 무엇인지, 제사가 우상숭배에 해당되는지에 대해 살펴보자.

1. 우상숭배란 무엇인가

성경에는 우상 또는 우상과 같은 의미로 번역된 단어가 수없이 많이 있다. 그 대부분은 부어 만들거나 새겨 만들거나 깎아 만들거나 빚어 만든 것은 물론이며, 신을 형상화해서 만들어 놓은 모든 것을 가리킨다. 그러나 우상은 어떤 형태로 만들어 놓은 형상에만 국한하지 않는다. 우상은 넓은 의미에서 볼 때, 하나님을 사랑하고 하나님께 봉사하는 것을 방해하는 모든 것을 포함한다고 할 수 있다. 따라서 쾌락이나 부귀나 명예나 지식을 하나님보다 더 추구하는 것 즉 탐심도 우상이 될 수 있고(엡 5:5, 골 3:5), 국가나 국가 지도자 또는 자기 자신이나 다른 사람을 하나님보다 더 높이는 것도 우상이 될 수 있다.(계 13:14)

이런 관점에서 보면, 우상숭배란 자기가 믿는 신을 형상화 한 상(像)이나 조각물을 만들어 놓고 절하거나 예배하는 행위, 또는 보이지 아니하는 하나님을 형상화하여 섬기거나, 하나님께 드려야 할 영광이나 경배를 다른 것에게 돌리는 행위를 의미한다.

2. 우상숭배의 결과

하나님은 홀로 한 분 뿐이시다.(신 4:35) 그러므로 사람이 경배해야 할 대상은 오직 하나님 밖에 없다. 하나님께서는 하나님 이외에 다른 것을 신으로 삼거나, 그것에 절하는 것을 매우 싫어하신다. 성경은 이러한 하나님을 질투라는 용어를 사용하여 묘사하기를 "너는 다른 신에게 절하지 말라. 여호와는 질투라 이름하는 질투의 하나님이니라"

(출 34:14)고 하셨다. 질투하시는 하나님의 모습은, 사람에게 십계명을 주실 때에도 오직 하나님만 섬기고, 우상을 만들거나 그것에 절하지 말라는 금령을 먼저 주신 사실에서 잘 나타난다.

우상을 숭배하는 것은 십계명의 첫 세 계명을 어기는 중대한 죄이다. 따라서 우상숭배는 하나님을 진노하시게 하여, 스스로를 지면에서 멸절케 만든 결과를 가져오게 한다.(신 6:5) 하나님께서는 우상을 숭배한 죄의 대가를 삼사 대의 후손들에게까지 미치게 하겠다고 하셨다.(출 20:5) 이스라엘에게 쫓겨난 가나안 원주민들의 예가 이를 잘 증명해준다.(창 15:16, 신 9:5, 18:12)

참 하나님을 섬기는 경우에라도 하나님을 보이는 형상으로 만들어 놓고 섬기려 한다면, 그것은 다른 신을 섬기는 우상숭배와 다를 것이 없다. 그래서 사도 바울께서는 고린도 교회의 성도들에게 편지하기를 "너희가 주의 잔과 귀신의 잔을 겸하여 마시지 못하고, 주의 상과 귀신의 상에 겸하여 참예치 못하리라"(고전 10:21)고 하셨다. 우리는 이스라엘 백성들이 광야에서 금으로 송아지를 만들어 놓고 하나님을 섬기려 했다가 하나님의 저주를 받았던 예를 통해서 이 사실을 잘 알 수 있다.(출 32:8)

그러므로 성도는 어떠한 죄라도 범하지 않아야 하겠지만, 특히 우상을 숭배하는 죄에 대해서 더욱 민감한 자세를 가져야 한다. 그리하여 보이는 형상은 물론, 보이지 아니하는 어떤 것이라도 여호와 하나님을 대항하거나 대신하게 하는 일이 없도록 해야 한다. 또 국가나 국가 지도자, 조상, 자기 자신 등 그 어떤 것이나 사람이 하나님의 자리를 차지하는 일도 없어야 한다.

3. 제사와 우상숭배

우리 민족은 조상에 대한 예를 지킴에서 매우 각별하다. 돌아가신 날을 기리는 일에서부터 각종 절기의 차례에 이르기까지 조상을 향해 수많은 제사를 드리고 있다. 그리고 성묘할 때마다 제사를 간략하게 축소한 형식의 예를 수시로 갖춘다.

대부분의 제사는 음식을 진설하고, 위패나 영정 앞에 엎드려 절을 하며, 지방(紙榜)을 불태우는 형태로 이루어진다. 그러므로 우리나라의 조상 섬김은 조상에 대한 단순한 예를 갖추는 이상의 의미를 가지고 있다. 지금은 많이 약화되었다고 하나, 본래가 조상을 신격화하여 섬기던 조상신 숭배가 그 근간을 이루고 있기 때문이다.

어떤 대상에 대한 숭배는 그 대상에게 절을 하거나 소원을 비는 행위로 나타나는 것이 보통이다. 그래서 성경은 우상숭배와 우상에게 절하는 것을 같은 뜻으로 사용했다.(삼상 15:23, 계 9:20) 존경과 섬김의 표로서의 절은 살아 있는 인격체를 대상으로 해야 한다. 살아 있는 국가 지도자나 어른에게 절하는 것은 조금도 잘못될 것이 없다. 그러나 이미 돌아가신 조상이나 생명이 없는 물건을 대상으로 하여 절을 하는 것은 크게 잘못된 일이다. 그것들은 절을 받을 수 있는 대상이 아니기 때문이다. 따라서 이미 돌아가신 조상들에게 절하고 복을 비는 것은 우상을 숭배하는 것과 다를 것이 없다.

후손이 조상의 돌아가신 날에 그 조상을 생각하고 그 분의 교훈을 되새기거나, 그 조상의 가문을 돌아보는 기회로 삼는 것은 당연한 일이다. 그리고 그 분이 좋아하던 음식을 만들어 후손들이 나누어 먹으면서 그 조상을 다시 생각해보는 것도 매우 자연스러운 일이다. 그러나 우리나라의 전통 제사 방식에서 행해지는 대로, 돌아가신 분을 위해 음식의 진설하는 것이나 위패나 영정이나 무덤 앞에서 절을 하는 것은 옳지 못하다. 돌아가신 조상이 그 음식을 먹거나, 절을 받는 일은 있을 수 없다.

하나님께서는 성도들에게 부모에게 순종할 것을 명령하시고, 그 명령을 약속이 있는 첫 계명으로 삼으셨다.(출 20:12, 엡 6:1-3) 그러므로 성도는 부모를 잘 공경해야 한다. 그러나 그 방법은 돌아가신 이후에 제사를 드리는 방식이 아니라, 살아계시는 동안에 최선을 다해 순종하고 섬겨드리며, 돌아가신 이후에는 그분들이 남기신 훌륭한 교훈이나 업적을 잘 이어가는 방식으로 해야 한다.

4. 제사음식

사도 바울께서는 고전 8장과 10장에서, 제사음식을 먹는 것과 관련된 문제를 길게 다룸으로써, 제사음식을 먹는 문제가 당시부터 상당한 논쟁거리였음을 보여주셨다.

비록 제사에 진설되었던 음식이라 하더라도 음식 그 자체에 어떤 변화가 생긴 것은 아무 것도 없다. 더러운 것이 있다면 예수님께서 말씀하신 것처럼, 입으로 들어가는 것이 아니라, 입에서 나오는 것이다.(마 15:11) 따라서 사도 바울께서는 성도는 어떠한 음식이든 깨끗한 줄 알아야 하고, 불신자가 주는 음식이라도 제사음식인지의 여부를 묻지 말고 감사함으로 먹으라고 말씀했다.(고전 10:25,27) 이 말씀은 지금 우리들에게도 그대로 적용이 되어야 할 말씀이다.

그러나 다음 두 가지의 경우에는 먹지 않는 것이 좋다고 본다.

첫째, 마음에 거리낌이 있는 경우이다. 음식 자체에는 문제될 것이 없다고 하더라도 그 음식을 먹는 것이 신앙 양심에 거리낌이 있다면, 차라리 안 먹는 것이 좋다. 음식에 문제가 있어 못 먹는 것이 아니라, 신앙의 유익을 위해 먹지 않는 것이다. 못 먹는 것과 안 먹는 것은 분명하게 구별되어야 한다. 이것은 제사음식 뿐만 아니라, 우리의 일상적인 음식이나 기호품에도 적용되어야 할 태도이다.

둘째, 덕을 세워야 할 경우이다. 나 자신은 어떤 음식이든 먹을 수 있는 성숙된 신앙을 가졌다 하더라도, 만일 연약한 성도가 나를 보고 실족할 가능성이 있다면, 그 성도를 실족하지 않게 하기 위해 먹지 않는 것이 좋다. 이것은 덕을 위한 것이다. 모든 것이 가하지만, 모든 것이 다 유익하거나 덕이 되는 것은 아니다.(고전 10:23) 사도 바울께서는 이런 이유로, 평생 고기를 먹지 않겠다고 결심하셨다.(고전 8:13) 우리는 다른 사람을 자신의 수준에 맞춰서 비판하려 하기보다, 자신을 다른 사람의 수준에 맞추려 하셨던 사도 바울의 자세를 배워 덕을 세워야 한다. 그리고 먹고 마시는 것 그 자체보다는 무엇을 하든지 하나님께 영광을 돌려드리는 것으로 삶의 목표를 삼아야 한다.(고전 10:31)

5. 조상의 복과 저주의 유전

조상이 누리던 복과 저주는 후손에게 상당한 영향을 끼친다. 조상이 일생의 삶을 통해서 뼈저리게 체득하여 남긴 교훈이나 모아놓은 유산은 후손에게도 많은 유익을 준다. 그러나 조상이 남긴 불명예나 가난은 후손들에게 큰 짐이 된다. 훌륭한 문인의 집 후손 중에서 문인이 많이 나오고, 용감한 무인의 집 후손 중에서 무인이 많이 나오는 것이 이를 잘 증명해준다. 성경은 이 사실에 대해서, "여호와 너의 하나님은 질투하는 하나님인즉 나를 미워하는 자의 죄를 갚되 아비로부터 아들에게로 삼사 대까지 이르게 하거니와, 나를 사랑하고 내 계명을 지키는 자에게는 천대까지 은혜를 베푸느니라"(출 20:5-6)고 하셨다.

그러나 우리는 이 말씀을 지나치게 문자적으로 해석하여, 조상의 복이나 저주가 문자대로의 수천대나 삼사 대까지 이른다고 생각할 필요는 없다. 조상이 복을 남겼어도 후손의 허물과 죄는 하나님의 심판을 피할 수 없고, 조상이 저주를 받았어도 후손의 믿음과 기도는 그 저주를 하나님의 은혜와 복으로 바꾸어 놓기 때문이다.

복과 저주는 근본적으로 자기 자신이 하나님과 어떤 관계를 가지는가에 따라서 달라진다. 가장 큰 영생의 복과 영벌의 저주는 오직 자기 자신의 믿음에 의해서만 결정된다. 조상의 믿음이 후손을 영생에 이르게 하거나, 조상의 죄가 하나님께서 은혜로 후손에게 선물로 주시는 믿음을 방해하지 못한다. 다만 조상의 믿음과 부모의 눈물어린 기도는 후손과 자녀에게 큰 감동을 주어 하나님의 은혜와 복이 임할 수 있는 좋은 여건을 마련해주고, 부모의 완악함과 부패함은 후손들의 양심을 더욱 무디게 하여 하나님의 은혜의 보좌 앞으로 나아가게 함을 매우 어렵게 할 뿐이다.

성도는 부모와 조상을 잘 섬겨 효도를 다해야 한다. 그러나 효도는 살아계시는 동안에 순종하고 섬기는 방법으로 해야 하고, 돌아가신 이후에는 그 교훈을 따르고 가문을 복되게 하는 방법으로 해야 한다. 돌아가신 이후에, 제사로 효도를 하는 것은 우상숭배에 불과하다. 우상숭배는 하나님의 나라를 유업으로 받을 수 없게 만드는 죄이다.(갈 5:20, 고전 6:9) 제사음식은 더러울 것이 없으므로 얼마든지 먹을 수 있으나, 자신의 양심과 다른 사람의 덕을 위해 먹지 않는 것이 좋다. 성도는 자신으로 인하여 가문에 하나님의 은혜와 복이 임하도록 관심과 노력을 기울여야 한다.

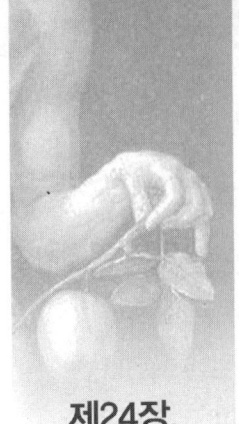

제24장.
이 땅에서의 완전한 성화가 가능한가

예수 그리스도를 믿는 사람을 성도(聖徒)라고 부른다. 성도는 거룩한 무리를 뜻한다. 성도는 말 그대로 거룩하게 구별된 사람이요, 거룩하게 사는 사람이다. 그러나 성도에게는 아무리 오랜 시간을 믿어도 자신이 거룩해졌다는 생각이 들지 않는다. 오히려 거룩하게 살려고 할수록 허물과 죄가 더 많이 느껴지고 잊었던 오래 전의 죄까지 생각나서, 회개하는 시간이 늘어나고 또 더 깊이 애통하는 마음을 가지게 된다. 그렇다면 성도가 이 땅에서 완전하게 거룩해지는 일은 불가능한 것인가.

이제 거룩해진다는 것이 무엇을 의미하며, 그 거룩을 향한 완성은 언제 이루어지게 되는지에 대해 살펴보기로 하자.

1. 완전 성화의 근거와 타당성 여부

주 예수를 믿으면, 죄를 용서받고 의롭다 일컬음을 받는다. 그래서 성경은 예수를 믿는 사람을 의인이라고 부른다.(롬 3:28) 그러나 믿음으로 의롭다 함을 받은 사람이라도 아직 완전히 거룩한 사람이 된 것은 아니다. 아직도 옛날의 본성이 남아 있고, 때로는 연약함이나 실수 때문에 죄를 범하기도 한다. 따라서 예수를 믿는 사람도 날마다 더욱 거룩해져야 할 필요가 있다. 우리는 이것을 성화(聖化)라고 부른다.

성화의 과정은 어느 날 하루아침에 갑자기 완성되는 것이 아니다. 매일 매일 조금씩 점진적으로 이루어진다. 그런데 그 완성은 우리가 살아 있는 동안에 이루어질 수 있고, 또 반드시 이루어지도록 해야 한다고 보는 생각을 완전 성화 또는 완전 성결론이라고 한다.

완전 성화를 주장하는 사람들은 다음과 같은 사실들을 그 근거로 제시한다.

1) 성경이 완전 성화를 명령한다.

사도 베드로께서는 성도들에게 "너희가 순종하는 자식처럼 이전 알지 못할 때에 좇던 너희 사욕을 본 삼지 말고, 오직 너희를 부르신 거룩한 자처럼 너희도 모든 행실에 거룩한 자가 되라"고 말씀하셨다.(벧전 1:14,15) 그리고 성도가 거룩해져야 할 이유로, 레위기 11:44, 45절을 인용하여 "기록하였으되 내가 거룩하니 너희도 거룩할지어다. 하셨느니라"고 하셨다. 이는 성도가 모든 일에서 하나님처럼 완전 성화에 이를 것을 교훈한 것으로 보아야 한다고 한다.

한편, 예수님께서는 "하늘에 계신 너희 아버지의 온전하심과 같이 너희도 온전하라"는 교훈을 통해 우리가 온전해져야 할 것을 말씀하셨고(마 5:48), 야고보 사도께서도 성도에게 인내할 것을 말씀하면서 "이는 너희로 온전하고 구비하여 조금도 부족함이 없게 하려 함이라"고 하셨다.(약 1:4) 그러므로 성도는 이 땅에서 완전 성화에 이르러야 한다는 것이다.

하지만 이러한 말씀들은 성도가 완전한 성화에 이를 수 있음을 의미하지 않는다. 거룩하신 하나님께서는 성도이든 아니든 간에 사람이면 누구나가 다 거룩할 것을 원하신다. 그래서 하나님께서는 처음부터 모든 사람이 거룩하게 살 것을 계명으로 주셨고, 불의한 사람에게는 그 죄에 마땅한 징벌을 내리셨다. 그러므로 거룩하게 살 것을 명하는 위의 말씀들은 성도가 완전 성화에 이를 수 있다는 의미가 아니라, 완전 성화를 목표로 거룩한 삶을 살아야 할 것을 교훈하셨다고 보아야 한다.

2) 성도를 온전히 거룩한 사람이라고 부른다.

사도 바울께서는 성도를 온전한 사람(고전 2:6), 새로운 피조물(고후 5:17), 티나 주름 잡힌 것이나 흠이 없는 사람(엡 5:27), 능력 주시는 자 안에서 모든 것을 할 수 있는 사람(빌 4:13), 그리스도 안에서 충만해진 사람(골 2:10) 등으로 불렀다. 그러므로 이런 이름들은 성도가 완전한 성결에 이르렀음을 의미한다고 한다.

그러나 성도를 온전한 사람이라고 부른 것은 성도가 가지는 법적인 신분이 그리스도 안에서 다시는 정죄함을 받지 않는 온전한 의인이 되었음을 의미한다. 법적으로 의롭다 함을 받은 성도라 할지라도 실제적으로는 여전히 허물과 죄에서 완전히 자유롭지 못한 상태에 있다. 그러므로 성도를 온전한 사람으로 부른 말씀은, 성도가 법적인 신분에서 온전히 의인이 되었거나(고후 5:17), 전보다는 상당한 수준에 이르도록 더욱 거룩해졌음을 의미하는 것으로 보아야 한다.(고전 2:6, 히 5:14) 그리고 성도가 온전하다는 것은 거룩한 직무를 담당할 자격을 부여받을 수 있는 거룩한 상태에 충분하게 이르렀음을 의미하는 것으로도 볼 수 있다.(딤후 3:17) 이 때문에 사도 바울께서는 성도를 거룩한 사람이라고 부르면서도, 곧 이어서 죄에 대한 책망을 빼놓지 않았다.

3) 거룩한 사람의 예가 있다.

성경은 노아를 의인이요 완전한 사람이라고 했고(창 6:9), 욥을 순전하고 정직하여 하나님을 경외하며 악에서 떠난 사람이라고 했다.(욥 1:1) 또 아사 왕을 마음이 일평생 여호와 앞에 온전했던 사람이라고 했다.(왕상 15:14) 그러므로 모든 성도는 그들처럼 완전 성화에 이르러야 한다고 한다.

그러나 성경에서 의인이라고 불렸던 사람들은 완전한 성화에 이른 사람들이 아니었다. 노아나 욥이나 아사는 당시의 다른 사람들에 비해서 상대적으로 의롭게 살았던 사람이었을 뿐, 그들도 역시 실수가 있었고, 죄가 있었다. 그래서 성경은 "의인은 없나니 하나도 없다"고 하였고(롬 3:10), "만일 우리가 죄 없다 하면 스스로 속이고 또 진리가 우리 속에 있지 아니할 것"이라 하였다.(요일 1:8) 사실상 다른 사람들이 의인이라고 부르는 사람들은 자기 자신을 남보다 더욱 죄인으로 여기고 있다. 더욱 거룩해지려고 하면 할수록, 지난 날 무심코 넘겼던 것까지도 죄이었음을 새삼스럽게 발견하고 더욱 큰 죄의식 속에서 더 많은 회개를 하게 된다. 성도는 깨어 죄와 더불어서 선한 싸움을 싸우기 때문이다. 그러므로 거룩한 사람이란 완전히 거룩해진 사람이 아니라, 죄에 대해 더욱 민감해진 사람이다. 우리는 이 사실을, 사도 바울께서 하나님의 부르심을 받은 이후, 은혜에 깊이 들어갈수록 자신을 '죄인의 괴수'라고 불렀던 사례를 통해 잘 알 수 있다.(딤전 1:15)

4) 하나님으로부터 난 자는 죄를 범하지 아니한다고 했다.

사도 요한께서는 하나님께로서 난 자, 그리고 하나님 안에 거하는 자는 하나님의 씨가 그 안에 있기 때문에, 악한 자가 저를 만지지도 못하고 따라서 죄를 범하지 아니한다고 하셨다.(요일 3:6,9, 5:18) 그러므로 성도는 완전 성결에 이르게 된다고 한다.

그러나 사도 요한께서 하나님께로서 난 자가 죄를 범하지 않는다고 하신 말씀은 믿는 사람, 즉 하나님께 속한 사람은 신분상 죄 가운데서 계속 죄를 범하는 사람과 근본적으로 다르다는 사실을 의미한다. 하나님께 속한 사람은 하나님의 씨를 가진 사람이다. 따라서 혹 실수나 연약함으로 죄를 범할 수는 있어도, 고의적으로나 습관적으로는 죄를 범하지는 않는다. 이 사실은 사도 요한께서 하나님께로서 난 자가 죄를 범하지 않는다는 말을 항상 현재형으로 표현한 것을 보아서도 잘 알 수 있다. 현재형은 습관적으로 반복되는 행동을 의미하기 때문이다. 사도 요한께서는 성도라도 일시적으로 죄를 범할 수 있음을 분명하게 인정하셨다. 그래서 "만일 우리가 죄 없다 하면 스스로 속이고 또 진리가 우리 속에 있지 아니할 것"이라고 하셨을 뿐만 아니라, "우리가 범죄하지 아니 하였다 하면 하나님을 거짓말하는 자로 만드는

것"이라고까지 말씀하셨다.(요일 1:8)

2. 성화의 완성시기

사람이 이 세상에 살고 있는 동안에는 완전한 성화에 이를 수는 없다. 왜냐하면 사람은 예수를 믿어도 여전히 인간의 한계를 가지고 있기 때문이다. 그리고 하나님께서는 선한 목적을 위해 최후의 심판 날에 이를 때까지 사단의 활동을 허용하고 계시기 때문이다.

예수를 믿는 사람에게는 하나님의 나라가 유업으로 허락되었다.(약 2:5) 그 하나님의 나라는 죄가 없는 곳이다. 그러므로 성도가 하나님의 나라에 들어간다는 것은 성도에게 죄가 없어졌음을 의미한다. 성도는 이 땅에서도 하나님의 나라를 맛보며 산다. 그러나 이 땅에서 맛보는 하나님의 나라는 온전한 하나님의 나라가 아니다. 영적으로만 누리는 하나님의 나라이기 때문이다. 성도는 죽음 이후에라야 온전한 하나님의 나라에 들어간다. 그래서 성경은 세상을 떠난 성도를 가리켜 "온전케 된 의인의 영들"(히 12:23), 또는 "흠이 없는 자들"(계 14:5)이라고 했다. 따라서 성도가 완전 성화에 이르게 되는 시기는 죽음의 순간 또는 죽음 직후라고 보아야 한다.

3. 성화의 목표와 내용

사람이 완전한 성화에 이른다는 것은 예수 그리스도를 닮아, 그리스도의 장성한 분량에 이르게 되는 것을 말한다.(엡 4:13) 그리스도의 장성한 분량에 이른다는 것은 어떤 특별한 은사를 체험하는 것을 의미하지는 않는다.

그리스도의 장성한 분량은 사람의 어느 한 부분에서만 나타나는 것이 아니라, 전 인격을 통해서 나타난다. 그러므로 그리스도의 장성한 분량에 이른다는 것은 생각하는 것이 그리스도와 같아지고, 느껴지는 것이 그리스도와 같아지고, 삶의 목표가 그리스도와 같아지는 것을 말한다. 사도 바울께서는 이러한 사람을 "하나님을 따라 의와 진리의 거룩함으로 지으심을 받은 새 사람"(엡 4:24), 또는 "자기를 창조하신 자의 형상을 좇아 지식에까지 새롭게 하심을 받는 자"(골 3:10)라고 불렀다.

새 사람으로서의 성화 과정은 육체의 욕심대로 구습을 따르는 정욕과 욕심으로 가득했던 옛 사람을 벗어 없애 버리는(갈 5:24, 엡 4:22) 부정적인 부분과, 하나님을 향하여 의와 진리와 거룩함으로 사는(갈 2:19, 엡 4:24) 긍정적인 부분으로 이루어진다. 그러나 이 두 부분에는 일정한 순서가 있다. 긍정적인 부분보다는 항상 부정적인 부분이 우선한다. 이것은 마치 새 옷을 입기 위해서는 먼저 낡은 옷을 벗어버려야 하는 것과 같은 이치이다.

4. 성화의 수단

하나님께서는 성도를 성화시키기 위해 성경 말씀, 성례, 기도, 섭리적 지도(攝理的 指導. 루터가 경험했던 것처럼 불의한 사람이 벼락에 맞아 죽는 것을 보게 하거나, 경건하게 살려고 하는 사람이 오래도록 존경과 칭찬을 받는 것을 보게 하는 것과 같은 경우들을 말한다) 등을 효과적인 수단으로 사용하신다.

그러므로 거룩해지기를 원하는 사람은 이러한 수단들을 적극 활용해야 한다. 이런 수단들을 멀리 하면 하나님께서 원하시는 거룩함에 이르지 못한다. 그러나 이러한 수단 그 자체가 특별한 능력을 가지고 있는 것은 아니다. 이것들은 성령께서 사용하시는 수단이다. 따라서 성령께서 함께 하시지 않으면, 결코 거룩함을 위한 도구가 되지 못한다. 그러므로 우리는 성화의 수단들을 단지 형식적인 도구로만 이용할 것이 아니라, 성령께서 함께하시기를 구하면서 사용해야 한다.

모든 사람은 하나님이 거룩하신 것처럼 거룩해야 한다. 특히 성도는 거룩을 위해 구별된 사람들이므로, 더더욱 거룩해지기를 위해 힘써야 한다. 하나님께서는 성도를 거룩하게 하시기 위해 성경 말씀, 성례, 기도, 섭리적 지도를 효과적으로 사용하신다. 그러므로 성도는 성령의 함께 하심 속에서 성경 읽기와 기도와 성례에의 참예, 그리고 하나님의 섭리하시는 방법을 주의 깊게 살펴서 옛 사람을 벗어버리고 새 사람을 입는 거룩한 삶을 살아야 한다. 그러나 완전한 성화는 죽음 이후에나 이루어진다. 따라서 성도는 하나님 나라에 이르는 순간까지 거룩해지려는 노력을 중단하지 않아야 하며, 완전한 성화에 이르지 못했다고 실망을 하지도 말아야 한다.

선악과의 진실

2007. 9. 10 초판 1쇄 인쇄
2007. 9. 15 초판 1쇄 발행

지은이 • 박 일 민

펴낸이 • 이 승 하

펴낸 곳 : **성광문화사**
121-011 서울 마포구 아현동 710-1
☎ (02)312-2926, 312-8110, 363-1435
FAX • (02)312-3323
E-mail • Sk1435@chollian.net
http://www.skpublishing.co.kr

출판등록번호/제 10-45호
출판등록일/1975.7.2
책 번호/859

파본은 교환해 드립니다.
이 출판물은 저작권법으로 보호 받는 저작물이므로 무단 전제나 무단 복제를 할 수 없습니다.

값 10,000원

ISBN 978-89-7252-434-2 93230
Printed in Korea